과정중심
평가로
대학 간다 2

과정중심평가로 대학간다 2

초판인쇄 2018년 3월 5일
초판발행 2018년 3월 5일

지은이 김용진 민재식 동효관 김무경 배상일
펴낸이 채종준
기 획 이강임
마케팅 송대호

펴낸곳 한국학술정보(주)
주소 경기도 파주시 회동길 230 (문발동)
전화 031 908 3181(대표)
팩스 031 908 3189
홈페이지 http://ebook.kstudy.com
E-mail 출판사업부 publish@kstudy.com
등록 제일산−115호(2000. 6. 19)

ISBN 978-89-268-8244-3 13370

과정중심 평가로 대학 간다 2

김용진 민재식 동효관 김무경 배상일 지음

—

과정중심평가 어떻게 가르치고 평가하지?

변화되는 수업과 평가 방식을 알아야
대학 입시 전략을 세울 수 있습니다.

이담
Books

Contents

머리말

2015 개정 교육과정의 적용에 따라 학교에는 많은 변화가 있을 것으로 예상된다. 입시제도와 수능 평가 등 다양한 분야에서 변화가 예상되지만 가장 많이 달라질 것은 학교의 수업 현장이다. 미래 사회에 대비한 대표적인 교수학습 방법으로 학생 중심의 활동이 강조되면서 학교 현장에서의 교실 모습도 많이 달라질 것이다. 분필만 가지고 강의 위주로 수업하던 방식에서 다양한 학생 참여형 활동 중심의 수업으로 변하게 된다. 학생들이 얌전히 앉아서 수동적으로 수업을 들으며 꼼꼼하게 노트 필기를 하고 외우면 좋은 성적이 나오는 시절은 지났다.

학생들에게 지식을 주입하는 것이 아니라 문제를 해결할 수 있는 핵심 역량을 길러주는 것이 바뀌는 교육과정의 목표이다. 교육의 목표는 그러하지만 사실 학생들이나 학부모들에게 그런 수업 변화는 큰 관심거리가 아니다. 그러면 이렇게 변화하는 수업에서 학생들과 학부모들이 가장 관심을 가지는 것은 무엇일까? 그것은 예전이나 지금이나 미래에서도 한결같이 '평가' 즉 성적이다. 중, 고등학교에서 일제 고사를 없애고 중간고사나 기말고사 대신에 과정중심평가를 늘리라고 한다. 그러면 평가 방식은 어떻게 변하는 것일까? 그래서 관심을 받는 평가 방식이 바로 수행평가이다. 현재 수행평가는 과제형으로 사실상 '엄마 숙제'나 사교육을 유발하는 평가라고 알려져 있다.

중학생 자녀를 둔 부모들은 이미 많은 수행평가를 경험해 보았을 것이고, 수행평가와 서술형 평가를 통해 받아 온 성적표를 본 기억이 있을 것이다. 지필은 90~100점을 받았지만 수행평가에서 60점을 받아 평균 성적이 떨어지는 경우에 답답함을 토로해본 기억도 있을 것이다. 이런 경우 부모로서 해줄 수 있는 것이 없어 더욱 답답한 적이 있었을 것이다. 하지만, 앞으로 고등학교 현장에서도 이루어질 평가는 과제형 평가가 아닌 수업 과정형 평가로 부모가 대신해주거나 사교육의 도움을 받을 수 없는 평가로 바뀌게 된다. 수업시간에 내용 가르치기도 바쁜데 과연 수업 중에 과정형 평가가 이루어질까 의심하는 분들이 많은 것이 사실이다.

하지만 2015 교육과정에 맞춰 나온 교과서를 본다면 그런 의심은 기우일 뿐이라는 것을 알 수 있다. 교과서 분량과 가르쳐야 하는 내용이 줄어들고 대부분이 학생 활동 중심으로 학생들이 활동하기에 충분한 수업 시간을 확보할 수 있도록 교육과정이 구성되어 있다. 이 책에는 우리 학생들이 학생 중심의 수업에 능동적으로 참여하여 과정중심평가에 대비할 수 있도록 다음과 같은 내용을 담았다.

우선, 1부의 1장과 2장에서는 왜 과정중심평가로 바뀌어야 하는지와 학생 참여형 수업에서 평가는 언제 어떻게 이루어지는가에 대한 안내를 학생 수행평가 모델 연구와 참여형 과학 수업 선도학교 지원단의 책임을 맡아 온 경상대학교 김용진 교수와 한국교육과정평가원에서 다년간 학생 평가 관련 업무를 맡아 온 동효관 박사가 정리하였다. 학생 수행평가 모델을 직접 연구한 노하우와 전국의 학생 참여형 과학 수업 선도학교에 컨설팅을 해 온 노하우를 바탕으로 학생 참여형 수업의 과정에서 이루어질 다양한 평가의 유형을 알기 쉽게 설명하였다.

2부에서는 실제 학생 참여형 수업 연구의 연구원으로 참여하면서 다양한 학생 참여형 수업을 실천하고 있는 현장 교사들이 생생한 수업 과정에서 이루어지는 평가의 실제 사례와 평가를 잘 받을 수 있는 팁을 제공한다. 한 차시의 수업시간만으로 이루어지는 평가를 비롯해서 여러 차시에 걸쳐 이루어지는 수업에서의 단계별 평가 대비 방안과 팁을 자세하게 설명하고 있다. 또한, 이러한 수업을 통해 생활기록부, 특히 세+특이라고 불리는 과목별 세부 특기사항에 어떻게 기록될 수 있는지도 사례 중심으로 수록하였으므로 앞으로 대학교 입시에서 가장 중요한 세부 특기사항에 대한 준비 방안을 안내 받을 수 있다.

일명 '금수저 전형 = 학생부종합전형'이라고 불리는데 이는 틀린 말이다. 예전에 '스펙'이 필요했던 입학 사정관 제도와 비교해 볼 때, 반영 요소를 학교 내 활동에만 국한하고 내신을 비롯한 동아리 활동과 교과 세부 특기사항 등 학업역량 위주로 선발하는 학생부종합전형은 전혀 다른 전형이다. 학생부종합전형에서는 내신과 다양한 교과의 세부 특기사항이 가장 중요한 선발 요소이다. 학생 참여형 수업으로 이루어지는 과정중심평가에서는 어떻게 하면 좋은 성적을 받을 수 있는지에 대한 안내나 준비를 사교육 기관이나 학교로부터 받기 어렵다. 따라서 여러 교육 전문가들이 학교 현장의 교사들뿐만 아니라 대학 입시를 위해 불안해 하는 학생들과 학부모님들을 위해 사교육이 필요 없는 평가 대비 안내서를 만들어보고자 하는 고민에서 탄생한 책이 바로 이 책이다. 이 책을 읽는 모든 분들이 실질적인 도움을 얻기를 바란다.

2018년 1월 16일
저자 일동

I

과정중심평가를
알아야 대학 갈 수 있다.

1
미래 사회와
학교 교육

1) 달라지는 학교 교육

이동 전화(cell phone)가 없던 시절에 집 전화는 사람들을 소통시켜 주는 중요한 매체였습니다. 1980년대까지만 해도 집 전화는 멀리 떨어진 가족의 안부를 확인하고 사랑하는 사람의 소식을 들을 수 있는 주요한 소통 수단이었던 것이죠. 요즘에는 생각하기 어려운 모습이지만 당시의 학교에는 교무실에 전화가 1~2대만 있어 많은 선생님들이 1~2대의 전화로 업무를 보는 것이 일반적인 모습이었습니다. 그런데 이동 전화가 널리 사용되면서 소식을 전하는 모습에도 많은 변화가 생겼습니다. 보다 빠르고 직접적이며 개인이 원할 때 바로 바로 소통이 가능해진 것입니다. 이동 전화가 보급될 때 오랫동안 사용해오던 집 전화가 사라질 것이라는 전망을 하는 사람들도 있었습니다만 집 전화가 모두 사라지지는 않았습니다. 그러나 사람들 사이의 소통은 집 전화보다는 개인이 하나씩 가지고 있는 이동 전화를 중심으로 이루어지는 변화가 빠르게 나타나고 있습니다.

전화를 이용한 소통 방식에 변화가 생기듯이 사회가 변화되면서 학교 교육에도 여러 가지 변화가 나타나고 있습니다. 교사 주도의 강의식 수업과 학기에 1~2회 일제히 시행되던 중간고사나 기말고사와 같은 총합평가 위주의 학교 평가방식 등에 변화가 나타나고 있는 것입니다. 교실수업에서도 교사가 주도하는 비중이 줄고 학생의 참여를 강조하는 경향이 나타나고 있으며, 학습한 결과를 점수 등으로 나타내어 평가하는 총합평가 대신 수업 중에 학생의 학습 정도를 평가하여 평가가 학생의 학습을 도울 수 있도록 하는 과정중심평가를 중요시하는 흐름이 나타나고 있습니다. 그리고 선다형 평가보다 서술형 평가를 강조하는 흐름도 나타나고 있습니다. 졸업장에 대한 인식도 바뀔지 모릅니다. 아직까지 졸업장은 학교 교육을 정상적으로 마쳤음을 나타내는 중요한 증명으로 인정되고 있습니다. 졸업장은 어떤 학생이 어떤 과정을 거쳐 무엇을 학습했으며, 학습의 결과 어떤 능력을 갖추었는지를 가늠하는 보증이자 경력으로 작용하고 있지만 미래 사회에서는 평생학습과 학교 밖 교육이 강조되면서 학교의 졸업장이 갖는 의미는 현재보다 약화될 수 있습니다.

사회의 변화에 따라 학교 교육도 앞으로 계속 변화해 갈 것으로 예상됩니다. 학교 교육이 앞으로 어떻게 변화될지를 전망하는 데 있어서 중요한 것은 미래 사회가 어떻게 변화될 것인지를 고려하는 것입니다. 사회의 변화 속도가 빠르고 미래의 사회가 현재와 많이 다를 것으로 예상되면서 미래의 학교 교육에도 변화가 필요하다는 공감대가 확산되고 있는 것입니다. 늘 그렇듯이 사람들은 현재에 살면서 과거를 돌아보고 미래를 전망합니다.

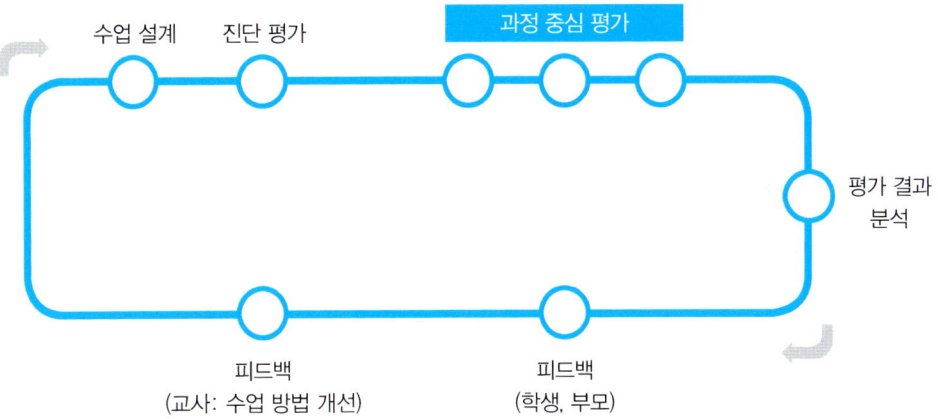

2) 인공지능과 미래 사회

미래 사회 변화를 말할 때 쉽게 떠오르는 것이 인공지능이죠. 인공지능은 이미 인간과의 바둑 대결에서 승리를 거두었습니다. 딥러닝(deep learning)을 통해 바둑을 배운 인공지능 알파고 리(AlphaGo Lee)는 아직 컴퓨터가 넘기 힘든 벽이라 여겼던 바둑에서 세계 정상급 바둑기사와 대결을 벌여 승리를 거두어 사람들을 놀라게 했습니다. 딥러닝은 수많은 데이터를 통해 원리를 학습하여 풀기 어려운 문제를 해결하도록 하는 인공지능 기술의 하나입니다. 그런데, 얼마 안가서 바둑 규칙으로만 72시간 스스로 학습을 한 후에 알파고 리를 100대 0으로 이긴 알파고 제로가 등장했습니다. 이후 에도 백지 상태에서 시행착오를 거치면서 독학으로 몇 시간만에 장기와 체스에서 세계 최강의 소프트웨어를 능가하는데 성공한 알파 제로가 개발되었습니다. 이는 세계적 학술지인 네이처에 실려 인간의 고유 영역으로 여겨지던 지능이 더 이상 인간만의 것이 아니라는 것을 증명하게 되었습니다.

인공지능은 인간의 지능과 학습능력을 컴퓨터로 구현하는 기술로 1940년대 개념화가 이루어진 이후 최근에 본격적으로 인간의 생활에 적용되고 있습니다. 저출산·고령화 시대에 감소되는 생산인구를 대체할 대안으로 인공지능을 갖춘 로봇이 제시되기도 하고, 인간의 접근이 어려운 위험 지역에서 인간의 작업을 대체할 수 있는 대안으로 거론되기도 합니다. 학교 교육에서도 인공지능은 맞춤형 교수학습 정보나 질의 응답을 제공함으로써 지능화된 교육 서비스를 제공할 수 있을 것으로 예상됩니다.

3) 미래 사회 변화와 학교 교육

이처럼 인공지능은 앞으로 다가올 미래가 지금 우리가 살고 있는 모습과 크게 다를 것이
란 전망을 가지게 합니다. 학교도 사회 조직의 하나로 학생 교육 기능을 담당하는 것이므로
미래 사회 변화는 학교 교육에도 영향을 줄 것입니다. 미래 사회의 변화가 학교 교육에 어떤
영향을 줄 것인지 과학기술의 발달, 지식 기반 사회의 심화, 사회구조 변화의 측면에서 살펴
보도록 하겠습니다.

과학기술의 발달

과학기술의 발달로 학생 개인의 수준이나 적성에 맞추어진 다양한 온라인 학습이 가능해
짐에 따라 학교 외에 가정이나 학교, 지역 사회에서도 다양한 방식으로 학습이 이루어질 수
있습니다. 수업은 학교에서만 이루어지는 것이 아니라 가정에서도 얼마든지 자신에게 필요
한 수업을 들을 수 있게 될 것입니다. 사람은 저마다 생김새가 다르듯이 학습할 내용과 관련
된 배경지식에 대한 이해수준이나 사물의 이치에 대한 이해 방식, 학습에 필요한 사고방식
등에서 차이가 있을 수 있습니다. 이해 방식이나 수준에 따라 선택할 수 있는 다양한 온라인
강의가 제공되면 학생은 자신에게 맞는 강의를 골라 가정이나 학교 밖의 학습 센터 같은 곳
에서 공부를 할 수 있을 것입니다. 또한 가상현실을 구현할 수 있는 다양한 매체를 활용한 교
수학습 방법의 도입으로 인해 학습의 효과가 높아질 수도 있습니다.

미래 사회에서는 과학기술의 발달로 인공지능이 현재보다 사람의 삶에 더 큰 영향을 미
칠 것입니다. 사람이 하던 일을 인공지능을 갖춘 로봇이 대신하는 것이 확대되면 그만큼 직
업을 가지기 어려운 시대가 다가올 수 있습니다. 예를 들어 자율 주행 기술, 로봇 수술 기술
의 발달로 운전사, 의사 등의 직업이 감소하고 온라인 학습 정보 제공 기술의 발달로 교사의
수도 감소될 것입니다. 한편, 3D 프린터 기술의 발달로 한 사람이 자신의 아이디어를 적용한
제품을 생산하고 판매할 수 있어 큰 규모의 조직인 기업에 속하지 않고도 경제활동을 하는
것이 가능해질 수 있습니다. 직업 세계의 변화에 따라 미래 사회의 학교는 평생 학습기관으로
서의 기능이 강화될 것입니다.

지식 기반 사회의 심화

미래 사회에서 사람들은 많은 지식을 학습한 것만으로 사회 구성원으로서 살아가는 데 필요한 일을 충분히 수행해내기 어려울 것입니다. 생산되는 지식의 양은 너무도 많아 한 사람이 이를 모두 알기 어려우며, 지식 자체보다 지식을 자신의 문제 해결에 활용하는 능력이 더욱 중요해질 것이기 때문입니다. 많은 지식을 축적하고 방대한 데이터를 분석하거나 복잡한 계산을 하는 것은 사람보다 인공지능을 갖춘 컴퓨터가 더 잘할 것입니다. 따라서 학교 교육에서는 미래 사회에서 살아가는 데 중요하다고 여겨지는 역량을 기르는 교육이 강조될 것입니다. 예를 들어 지식 자체를 학습하는 것보다 지식을 활용하여 문제를 해결하고, 창의적으로 사고하는 등 문제해결에 필요한 역량을 기르는 것이 학교 교육의 중요한 목표가 될 것입니다. 창의성을 갖추기 위해 역량 및 교과 융합 교육이 가속화되고, 역량 함양을 위한 핵심 지식의 선별과 활용 능력, 문제해결을 위한 다양한 실천 능력 등 학교 교육의 내용과 성격이 바뀔 것이며, 그에 따라 교수 방법, 평가 등도 재구조화 될 것으로 예상됩니다.

사회구조 변화

경제적 양극화로 인한 교육 격차를 감소시키기 위해 교육 복지가 강조될 수 있습니다. 영유아 교육에 대한 국가 지원의 강화, 사회적 배려 대상자의 교육에 대한 지속적 투자 등을 통해 교육을 통한 계층 이동을 가능하게 하는 교육의 사회적 통합 기능과 정책이 강화될 수 있습니다. 또한 저출산 및 고령화로 인한 학령기 인구의 감소, 직업 세계의 변화를 고려한 교육 내용의 선정, 선택 과목의 확대 등이 나타날 수 있습니다.

4) 미래 사회 변화에 대비한 교육과정

① 핵심 역량 함양을 강조

정보와 지식을 활용하는 것이 개인과 국가의 미래와 발전을 결정할 수 있는 중요한 요소가 되고 과학기술의 발달로 생활 방식 및 직업 세계 등이 크게 변화될 것이 예상됩니다. 따라서 우리나라에서도 교육을 통해 과학 소양과 인문 소양을 두루 갖추고 미래 사회에 필요한 역량을 함양할 수 있는 교육을 실천하기 위한 노력이 이루어지고 있습니다. 미래 사회에 대비한 핵심 역량의 함양을 강조한 2015 개정 교육과정의 도입은 미래 사회의 변화에 대한 교육적 측면의 준비라고 할 수 있습니다. 2015 개정 교육과정에서는 모든 교과에 공통적인 핵심 역량을 제시하고 있습니다. 학교 교육 전 과정을 통해 중점적으로 기르고자 하는 핵심 역량으로 "자기관리 역량, 지식정보처리 역량, 창의적 사고 역량, 심미적 감성 역량, 의사소통 역량, 공동체 역량"이 있으며, 핵심 역량의 의미는 다음 표와 같이 정리할 수 있습니다(교육부, 2015a).

학교 교육의 전 과정을 통해 중점적으로 기르고자 하는 핵심 역량

역량	의미
자기관리 역량	자아정체성과 자신감을 가지고 자신의 삶과 진로에 필요한 기초 능력과 자질을 갖추어 자기 주도적으로 살아갈 수 있음
지식정보 처리역량	문제를 합리적으로 해결하기 위하여 다양한 영역의 지식과 정보를 처리하고 활용할 수 있음
창의적 사고역량	폭넓은 기초 지식을 바탕으로 다양한 전문 분야의 지식, 기술, 경험을 융합적으로 활용하여 새로운 것을 창출할 수 있음
심미적 감성역량	인간에 대한 공감적 이해와 문화적 감수성을 바탕으로 삶의 의미와 가치를 발견하고 향유할 수 있음
의사소통 역량	다양한 상황에서 자신의 생각과 감정을 효과적으로 표현하고 다른 사람의 의견을 경청하며 존중할 수 있음
공동체 역량	지역 · 국가 · 세계 공동체의 구성원에게 요구되는 가치와 태도를 가지고 공동체 발전에 적극적으로 참여할 수 있음

또한 2015 교육과정에서는 핵심 역량과 함께 교과별로 교과의 특성이 반영된 교과 핵심 역량도 제시하고 있습니다. 과학 교과의 경우 기본 개념의 통합적인 이해 및 탐구 경험을 통하여 과학적 사고력, 과학적 탐구 능력, 과학적 문제해결력, 과학적 의사소통 능력, 과학적 참여와 평생 학습 능력 등의 과학과 핵심 역량을 제시하고 있으며(교육부, 2015b), 다음과 같이 정리할 수 있습니다.

2015 개정 교육과정에서의 과학과 핵심 역량

역량	의미
과학적 사고력	- 과학적 주장과 증거의 관계를 탐색하는 과정에서 필요한 사고 - 과학적 세계관 및 자연관, 과학의 지식과 방법, 과학적인 증거와 이론을 토대로 합리적이고 논리적으로 추론하는 능력, 추리 과정과 논증에 대해 비판적으로 고찰하는 능력, 다양하고 독창적인 아이디어를 산출하는 능력 등
과학적 탐구능력	- 과학적 문제해결을 위해 실험, 조사, 토론 등 다양한 방법으로 증거를 수집, 해석, 평가하여 새로운 과학 지식을 얻거나 의미를 구성해 가는 능력 - 과학적 탐구를 위해서는 과학 탐구 기능과 지식을 통합하여 적용하고 활용하는 능력이 필요하며 과학적 사고력이 이 과정에 기초
과학적 문제 해결력	- 과학적 지식과 과학적 사고를 활용하여 개인적 혹은 공적 문제를 해결하는 능력 - 일상생활의 문제를 해결하기 위해 문제와 관련 있는 과학적 사실, 원리, 개념 등의 지식을 생각해 내고 활용하며 다양한 정보와 자료를 수집, 분석, 평가, 선택, 조직하여 가능한 해결 방안을 제시하고 실행하는 능력 - 문제해결 과정에 대한 반성적 사고 능력과 문제해결 과정에서의 합리적 의사 결정 능력
과학적 의사소통 능력	- 과학적 문제해결 과정과 결과를 공동체 내에서 공유하고 발전시키기 위해 자신의 생각을 주장하고 타인의 생각을 이해하며 조정하는 능력 - 말, 글, 그림, 기호 등 다양한 양식의 의사소통 방법과 컴퓨터, 시청각 기기 등 다양한 매체를 통하여 제시되는 과학기술정보를 이해하고 표현하는 능력 - 증거에 근거하여 논증 활동을 하는 능력
과학적 참여와 평생학습 능력	- 공동체의 일원으로 합리적이고 책임 있게 행동하기 위해 과학기술의 사회적 문제에 대한 관심을 가지고 의사 결정 과정에 참여하며 새로운 과학기술 환경에 적응하기 위해 스스로 지속적으로 학습해 나가는 능력

2015 개정 교육과정에서는 기존의 교육과정과 다르게 학습 주제별로 학생들이 학습을 통해 도달해야 할 개념과 활동의 성취기준을 제시하고 있습니다. 즉 성취기준 속에 학습목표로서 개념(지식)에 대한 것과 함께 학생의 수행 활동을 포함하였습니다. 학생들은 수행활동을 통해 핵심 역량을 함양할 수 있게 되는 것입니다. 교사들은 성취기준을 보고 해당 주제의 과학 수업에서 학생들이 무엇을 배워야 하고 어떤 수행활동을 하도록 지도해야 하는지 설정하게 됩니다. 따라서 성취기준을 보면 핵심 역량 중에서 어떤 영역을 배양하게 되고 평가되는지 파악할 수 있습니다. 예를 들면, 통합과학에서 다음과 같은 성취기준이 있습니다.

생명시스템 유지에 필요한 화학 반응에서 생체 촉매의 역할을 이해하고, 일상 생활에서 생체 촉매를 이용하는 사례를 조사하여 발표할 수 있다.

이 성취기준에 따르면 개념적 측면에서는 생명시스템, 생체 촉매에 대한 지식을 지도해야 되며, 생체 촉매의 활용 사례를 학생들이 조사하는 수행 활동을 사전학습이나 학교에서의 교실 수업에서 운영할 수 있습니다. 조사 결과를 모둠 활동으로 정리하여 포스터로 발표 자료를 만들게 할 수 있으며, 포스터를 이용하여 발표하는 수행 활동도 할 수 있습니다. 이러한 학생들의 수행 활동에서 생체 촉매의 활용 사례에 대한 조사 및 정리 활동에 필요한 지식정보처리 능력, 모둠에서 토의하고 발표하는 의사소통 능력, 모둠 활동으로 조사내용을 통합하여 정리하고 토의하는데 참여하는 공동체 역량 등을 평가 영역으로 설정하여 학생들의 수행 활동 과정을 평가하고 피드백 할 수 있습니다.

② 학생 중심 수업으로의 변화

교사 중심으로 이루어지는 수업은 짧은 시간에 지식을 전달하는 데 효과적일 수는 있어도 미래 사회에 필요한 역량을 함양하기에는 적절하지 않다는 문제점을 가지고 있습니다. 교사 중심의 강의식 설명 수업에서는 학생들의 경험과 무관하게 교과에서 배워야할 내용을 전수하는 것이 교사의 역할이 되기 때문에 학생의 흥미나 적성에 근거한 역량을 함양하는 수업이 되기 어렵습니다.

2015 개정 과학 교육과정의 '교수·학습 방향'에서는 탐구 및 실험 학습을 통하여 과학의 핵심 개념 이해 및 '과학적 사고력', '과학적 탐구 능력', '과학적 문제해결력', '과학적 의사소통 능력', '과학적 참여와 평생 학습 능력' 등과 같은 과학과 핵심 역량을 균형 있게 기를 수 있게 지도하도록 제시하고 있습니다. 지도방안에 대한 중점 내용의 일부를 보면 다음과 같습니다.

- 강의, 실험, 토의, 조사, 프로젝트, 과제 연구, 과학관 견학과 같은 학교 밖 과학 활동 등의 다양한 교수·학습방법을 적절히 활용한 학생 참여형 수업을 제공한다.
- 강의, 실험, 토의, 조사, 프로젝트, 과제 연구, 견학 등의 다양한 교수·학습방법을 활용한다.
- 과학 교과 내용과 관련된 기술, 공학, 예술, 수학 등의 다른 교과와 통합, 연계하여 지도한다.
- 교사 중심의 확인 실험을 지양하고 학생 주도형 탐구 실험이 되도록 한다.
- 탐구 활동 등을 모둠 학습으로 하여 과학 탐구에서 상호 협력이 중요함을 인식하게 한다.
- 과학 글쓰기와 토론을 통하여 과학적 사고력, 창의적 사고력 및 의사소통 능력을 함양하도록 한다.

학교 수업은 무엇보다도 국가 수준에서 제시한 교육과정에 기초하여야 하므로 2018년부터는 모든 학교에서 학생 참여형 수업을 운영하여야 합니다. 따라서 학교 현장에서는 학생 참여형 수업을 운영하고, 이에 적합한 평가 방법을 적용하여 학생의 학습 활동을 평가하면서 학생 성장에 도움이 되는 피드백을 실시해야 합니다.

③ 학습 평가에서의 변화

학교에서 이루어지는 학생의 학습에 대한 평가는 수업의 연장으로 교육 목적을 달성하기 위한 하나의 단계이자 교육 활동이므로 학생의 학습에 대한 평가는 수업을 통해 추구하는 목표에 연동되어 이루어져야 합니다. 따라서 학생 중심의 참여형 교수·학습은 필연적으로 학교에서의 학생 평가에도 영향을 미치게 됩니다.

핵심 역량 함양을 위한 수업이 이루어졌다면 수업 전 목표로 설정한 수준에 학생이 도달했는지를 평가해야 합니다. 학교에는 다양한 학생들이 모여 있으므로 학생들마다 수업 중이나 수업 후 학습 목표에 도달한 정도는 다를 수 있습니다. 평가가 이루어지면 목표에 도달한 학생이나 그렇지 못한 학생들에 대한 교육적 지원을 계획할 수 있으며, 교사 자신도 수업의 개선에 필요한 정보를 얻을 수 있습니다. 예를 들어, 학습 목표에 미처 도달하지 못한 학생에게는 목표와 학생 수준의 격차를 해소하기 위한 보충 학습의 내용과 적절한 방법을 찾아 제공할 수 있으며, 학습 목표에 도달한 학생에게는 학습내용의 깊이를 더하거나 학습한 내용을 응용해 볼 수 있는 심화 학습의 기회를 제공할 수 있습니다. 아울러 교사의 경우 평가 결과를 분석하고 이를 바탕으로 더 효과적인 교수학습 방법을 탐색하거나 수업을 위한 자료를 제작하는 등의 활동을 할 수 있습니다.

평가는 수업 중에도 수시로 이루어질 수 있습니다. 수업 과정에서도 학생들이 목표 수준에 도달하고 있는지를 점검하여 학생들에게 피드백 함으로써 학생의 학습을 촉진할 수 있기 때문입니다. 이제까지의 평가가 학습한 결과에 대한 평가에 중점을 두고 한 학기에 1~2회 정도 정기적으로 시행되는 지필 시험 위주로 평가가 이루어졌다면 앞으로 학교에서의 평가는 미래 사회에 요구되는 역량을 갖추도록 학생의 성장과 발달을 돕는 교육의 한 과정으로서 진단과 처방, 과정에 중점을 둔 평가로 변화될 것입니다.

학교 수업은 교육과정을 기준으로 이루어지며 이에 따라 평가를 해야 하므로 교육과정을 이해하는 것도 과정평가를 대비하는 좋은 방법입니다. 예를 들면, 교육과정에서 제시하는 '과학 평가 방향'은 과학의 핵심 개념의 이해, 과학의 탐구 능력, 과학적 태도, 과학과 핵심 역량 등을 균형 있게 평가하며 다음 사항에 주안점을 두도록 제시하고 있습니다.

- 과학의 핵심 개념을 이해하고 적용하는 능력을 평가한다.
- 과학적 사고력, 과학적 탐구 능력, 과학적 문제해결력, 과학적 의사소통 능력, 과학적 참여와 평생 학습 능력 등과 같은 과학과 핵심 역량을 평가한다.
- 과학에 대한 흥미와 가치 인식, 과학 학습 참여의 적극성, 협동성, 과학적으로 문제를 해결하는 태도, 창의성 등을 평가한다.
- 평가는 선다형, 서술형 및 논술형, 관찰, 보고서 검토, 실기 검사, 면담, 포트폴리오 등의 다양

한 방법을 활용한다.

- 평가는 창의·융합적 문제해결력 및 인성과 감성 함양에 도움이 되는 소재나 상황을 적극적으로 발굴하여 활용한다.
- 평가는 개별 평가와 더불어 협동심을 함양하기 위한 모둠 평가를 실시한다.
- 평가는 설정된 성취기준에 근거하여 실시한다.

5) 학생 참여형 수업의 이해

과정중심평가의 목적은 학습이 이루어지는 중간 중간에 학생의 학습 활동 정도를 점검하여 학생의 성장과 발달을 돕는 데 있기 때문에 학생의 수업 참여 활동에서 평가를 하게 됩니다. 따라서 과정중심평가에 대한 이해를 위해서는 학교 현장에서 강조되고 있는 학생 참여형 수업의 필요성과 의미 등을 살펴볼 필요가 있습니다.

① 학생 참여형 수업의 배경

전통적인 교사 중심의 설명식 수업은 학생들이 수업에 수동적으로 참여하게 되어 학습에 흥미를 잃게 합니다. 그러다 보니 학생들은 수업 시간에 엎드려 자거나 장난을 치게 됩니다. 이러한 이유로 그동안 국제적인 학생 평가에서 우리나라 학생들이 과학 수업에 갖는 흥미는 세계 최 하위권에 머물러 왔으며 과학 학업성취도 역시 점차 하향되고 있는 것으로 보고되고 있습니다(한국교육과정평가원, 2017).

학생 참여형 수업의 현실적인 필요성과 함께 이론적 배경은 교육철학에서 찾을 수 있습니다. 학습에 대한 이전의 생각들 중에는 학생들을 백지에 비유하고 교사의 노력에 따라 학생이 열심히 학습하면 백지 위에 멋진 그림이 효과적으로 그려질 것이라는 생각이 있었습니다. 그러나 학생들은 학교에 입학하기 전에 이미 가정이나 사회에서 부모님이나 친구들과 어울리며 여러 가지를 배우고 경험한 상태로 교실에 와서 학습을 하게 됩니다. 따라서 학생들은 이미 경험하거나 알고 있는 내용을 발판으로 새로이 학습할 지식을 스스로 구성해 나가게 됩니다. 이러한 것을 구성주의 학습 원리라고 합니다.

② 학생 참여형 수업의 의미

구성주의 학습 원리에 따르면 학습이 잘 일어나기 위해서는 학습자가 교수·학습 과정의 중심이 되어 다른 학생들과의 협력적인 상호작용을 하는 협동학습과 자기주도적 교수·학습이 이루어지도록 하는 것이 중요합니다. 학생들 사이의 상호작용과 자기주도적인 교수·학습을 통해 학생들은 미래 사회에 필요한 다양한 핵심 역량을 배양할 수 있습니다. 따라서 학생 참여형 수업은 학습자가 주체가 되어 학습 활동을 자기주도적이고 능동적으로 수행하며 다른 학생들과의 협력적 관계 속에서 학습을 하고, 교사는 전체적인 상황을 아우르는 실천적 교수·학습방법입니다(강인애·주현재, 2009).

우리나라 학교 현장에서는 이미 교사 스스로 선도적인 노력을 통하여 학습에 있어서 학생의 경험과 참여를 기반으로 미래 사회에 필요한 역량을 함양할 수 있도록 다양한 형태의 학습자 중심 수업을 추진하고 있습니다. 예를 들면, 사전(디딤) 학습을 통해 학생과 교사 상호간의 면대면 활동 시간을 확보하는 거꾸로 수업, 학습자 상호간에 배움 촉진 관계의 형성을 중요시하는 배움 중심 수업, 창의적 설계와 감성적 체험을 강조하는 융합인재교육(STEAM) 등이 있습니다. 이들은 모두 학생의 능동적인 수업 참여를 강조하는 것이어서 학생 참여형 수업이라고 볼 수 있습니다(김용진 외, 2017a).

③ 학생 참여형 수업의 특징

학생 참여형 수업의 특징은 먼저 교사의 전문성 변화에서 찾을 수 있습니다. 인터넷이나 교육 방송 등의 수많은 교육 자료가 제공되는 정보화 시대에서 교사는 더 이상 머릿속에 있는 지식을 전달하는 매개체 역할을 하기에 적절하지 않습니다. 교사의 전문성은 학생들이 흥미 있게 수업에 참여하고 싶은 학습 의지를 갖도록 할 수 있는 능력에서 나타나게 됩니다.

교사는 강의와 설명을 최소화 하고 학생과 면대면 대화를 증진시키며, 학습자가 자기주도적이면서 다른 학생들과의 협력적인 상호작용이 일어나도록 조력자 역할을 합니다. 또한 학생의 학습 활동을 관찰하여 학습발달에 직접적인 도움을 주는 피드백을 제공하고 적절한 과정평가를 할 수 있습니다.

학생들은 토의·토론, 실험·실습, 제작·표현, 조사·발표 등의 학습 활동에 능동적이고 협력적으로 참여하여 다양한 핵심 역량을 배양할 수 있으며, 사전학습이나 이전 차시의 학습을 기반으로 보충, 심화, 응용 학습에 자기주도적으로 참여하게 됩니다. 아울러, 학생 참여 중심의 학습 활동 기회는 정보화 시대의 특성에 맞게 SNS를 활용한 학습 참여로 학교 안팎으로의 활동으로 확장될 수 있습니다(김용진 외, 2017b).

④ 학생 참여형 수업의 과정

학생 참여형 수업에서 학생이 직접 학습 활동을 수행하고 동료와 협의하며 교사와 면대면 활동이 촉진되도록 하기 위해서는 수업에 소요되는 시간이 늘어나게 됩니다. 따라서 수업 중에 학생 중심의 활동 시간을 충분히 확보하기 위해서 교사는 사전에 교육 자료를 제공해 주어 학생 스스로 학습할 수 있도록 하는 방안이 요구될 수도 있습니다. 이와 같은 사전학습은 기존에 알려진 거꾸로 수업(플립러닝) 형태에 기반을 둔 것입니다. 사전학습 형태를 활용하는 것은 학생의 자기주도적 학습뿐만 아니라 학교 현장의 제한된 수업 시수에서 활동 중심의 수업 시간을 확보하는데 도움을 줄 수 있기 때문입니다. 실험이나 토론 등의 학생 중심 활동이 이루어지는 수업에서는 이전 시간의 학습 개념을 정리한 학습 자료나 수행 기능에 관련된 학습 자료를 제공하여 사전학습을 하도록 요구할 수도 있습니다. 그러나 사전학습이 필요 없는 학습 주제나 활동의 경우에는 사전학습 단계를 생략할 수도 있습니다. 특히 학생 스스로 학습하기 어려운 주제 등에 대해서는 학생들이 이해하기 쉽도록 교사가 잘 설명하는 것도 필요합니다. 즉, 모든 수업에서 사전학습을 요구하는 것은 아닙니다. 학생 참여형 수업의 핵심은 학생의 자기 주도적 수업 참여와 동료간의 협력적 상호 작용, 교사와의 면대면 학습 활동 증진 등으로 학업을 성취하고 핵심역량을 함양하는 것입니다.

다음은 사전학습을 포함한 학생 참여형 수업 모형(김용진 외, 2017a)을 나타낸 것입니다.

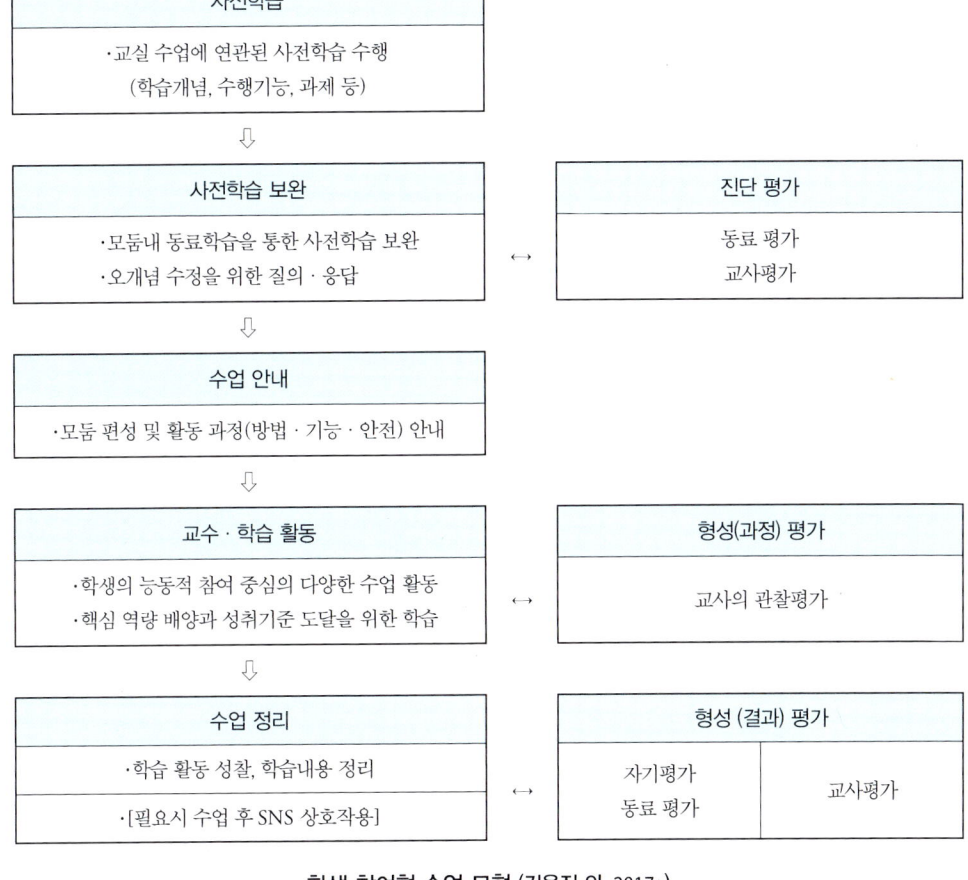

학생 참여형 수업 모형 (김용진 외, 2017a)

학생 참여형 수업 모형의 사전학습 단계에서는 학교 수업 이전에 이전 차시의 학습을 정리하거나 새로운 학습에 필요한 개념과 기능이나 과제를 자기주도적으로 학습하도록 합니다. 사전학습 자료는 EBS 교육방송 등의 동영상 강좌를 편집하거나 교사가 직접 제작한 동영상을 활동지와 함께 제공합니다. 사전학습 동영상은 5-7분 정도 분량으로 교실 수업에 연계되기 위한 기본 개념, 수행 기능, 안전 유의사항, 과제 수행 방법 등 중에서 필요에 따라 선택적으로 구성하는 것이 좋습니다.

사전학습 보완 단계에서는 사전학습 활동지를 통한 점검이나 모둠 내 동료들의 퀴즈문제

풀이와 해설 등을 통해 사전학습에 대한 보충이 이루어집니다. 사전학습에서의 궁금증을 동료 간에 질의응답으로 해결하고 어려운 내용이나 학생들의 주요 잘못된 개념에 대해서는 교사와의 질의응답 및 설명으로 피드백이 이루어집니다. 이 과정에서 사전학습을 제대로 해오지 않은 학생들도 동료 학습을 통해 교실 수업의 활동을 위한 기초를 다지게 됩니다.

수업안내 단계에서는 학습 활동 특성에 따라 필요한 경우 학생들에게 새로운 모둠을 편성하거나 모둠 내 역할을 정하도록 안내합니다. 또한 학습 활동 절차, 수업 운영 방법, 학습 활동의 유의점, 기구 사용법, 안전 교육, 평가 방법 등을 학습 활동 특성에 따라 선택적으로 안내합니다.

학생 참여형 수업의 단계별 주요 활동 (김용진 외, 2017b)

수업 단계		주요 활동
사전학습		·학교 수업 이전에 학습 주제에 관련된 개념 및 기능 학습 ·동영상 및 사전학습 활동지 이용 ·학습 과제의 수행 및 사전 조사 활동 ·학습주제나 상황에 따라 사전학습 활용 여부 결정
사전학습 확인 및 보충	사전학습 확인	·모둠 내 동료 평가, 교사에 의한 확인
	미 이수자 지도	·동료 퀴즈문제의 풀이와 해설 (동료학습) ·모둠 내 우수 동료의 협력 지도
	이수자 지도	·사전학습내용의 궁금증을 교사에 질의 응답 ·필요시 교사의 확인평가 문제 풀이와 피드백
	개념 정리	·교사에 의한 핵심개념 정리와 오개념 수정 ·학습 활동의 수행 기능 및 도구 사용법 보충
수업 안내		·학습 활동의 과정과 운영 방법 안내 ·모둠 편성, 학습 절차, 유의점, 평가방법 등 안내
교수 · 학습 활동	학습 활동	·사전학습(또는 이전 차시 학습)과 연계된 학생의 능동적 참여 중심의 협력학습 ·사전학습(또는 이전 차시 학습)에 기반한 심화, 발전, 적용, 탐색, 제작, 발표 등의 학습 활동
	과정평가	·학습 활동에 대한 교사의 관찰 평가와 피드백

수업 정리	학습정리	·학습 활동의 개념과 기능, 산출물 등의 종합 정리 ·생각 나누기 (모둠 활동 정리, 자기반성)
	형성평가	·동료 평가 및 학습 정리를 위한 형성평가
	차시 안내	·차시 학습 안내
	수업 후 SNS 상호작용	·방과 후 SNS를 통해 산출물 게시 및 상호 댓글 ·동료 및 교사와의 학습 상호작용 (질의, 응답, 격려) ·차시 사전학습 자료 제공 및 안내

교수학습 활동 단계에서는 사전학습의 내용과 연계하여 심화·적용할 수 있도록 학습 주제와 활동 특성에 따라 토의, 토론, 발표, 실험, 실습, 제작, 조사, STEAM, 프로젝트 수업, 개념학습 문제풀이 등의 다양한 학습 활동 유형을 선택하여 적용하게 됩니다. 학습 활동은 학생의 능동적 참여로 이루어지며 동료들과의 협력, 교사와 학생 사이의 면대면 활동, 동료 또는 교사와의 질의·응답 등으로 이루어집니다. 이 과정에서 교사는 학생들에게 피드백을 주며 과정평가의 영역으로 미리 설정한 내용을 관찰하여 평가할 수 있습니다.

수업정리 단계에서는 수업 활동의 과정 및 산출물에 대한 교사의 총평과 정리가 이루어집니다. 학생의 활동 위주로 수업이 운영되다보면 학생들이 학습 개념과 연계하지 못하는 경향이 많이 있으므로 핵심 개념 및 수행 기능에 대한 정리가 필요합니다. 필요에 따라 학급별 SNS를 개설하여 수업 종료 후에 수업 활동의 산출물을 보완하여 게시하도록 하고 질의응답, 격려 등의 활동으로 연계할 수 있습니다.

⑤ 학생 참여형 수업의 활동 유형

학교에서 이루어질 수 있는 학생 참여형 교수·학습의 활동 유형은 다양하게 나타날 수 있습니다. 대표적인 유형과 학습 활동 형태를 제시하면 다음과 같습니다.

학생 참여형 수업의 활동 유형 (김용진 외, 2017b)

활동 유형	학습 활동 형태	수업 활동 예시
토의 · 토론	- 문제해결의 토의 - 질의 · 응답식 토의(하브루타) - SSI(사회적 과학 이슈) 토론	지식과 해결방안을 찾는 토의, 동료와의 질의 응답을 통한 학습, 사회적으로 문제가 되는 상황에 대해 과학적 의사결정을 위한 토론 활동
조사 · 발표	- 탐구 조사와 발표 - 문제해결을 위한 조사와 발표 - NIE(신문활용교육) 조사와 발표	개념이나 문제해결을 위해 인터넷, 신문, 전문서적, 전문가 등을 통해 조사 하고 이를 정리하여 발표하는 활동
제작 · 표현	- UCC 제작 (발표) - 모형 제작 (발표) - 글쓰기 - 역할극	제작 활동이나 역할극 등을 통해 개념을 표출하거나 주장을 논리적으로 표현하며, 필요에 따라 발표 활동에 연계
프로젝트	- 융합인재교육(STEAM) - PBL(문제기반학습) - 과제 탐구 - 야외 체험학습(견학)	교과간 융 · 복합적 학습이나 과제 해결을 위한 탐구 활동 과정에서의 포트폴리오 구성, 야외 학습 등을 통한 과제 수행 활동
실험 · 실습	- 탐구 실험 - 실습	교과서에 제시된 탐구 실험이나 관찰, 실습 등의 활동
개념학습 평가	- 개념문제 풀이 게임 - App을 활용한 수준별 문제풀이	개념학습을 정리하는 문제풀이 게임이나 평가를 위한 응용프로그램(App)을 활용하여 문제의 난이도 수준에 따른 문제 풀이 활동을 개인별로 수행한 후 모둠별 토의를 통해 해결하는 활동

2
학교에서의
평가

　학교 교육에서 평가는 교사에게도 중요한 일이지만 학생과 학부모에게도 중요한 일이며 관심의 정도도 매우 높다고 할 수 있습니다. 평가 결과에 따라 교사는 자신이 담당한 학생들을 어떻게 가르칠지를 고민하게 되고, 학생들은 앞으로 어떤 부분을 더 학습해야 할지, 어떤 분야가 적성에 맞는지, 원하는 상급학교에 진학할 수 있을 것인지 등 자신의 진로에 대해 생각하게 됩니다. 따라서 평가는 교사나 학생, 학부모 모두가 관심을 많이 갖는 교육의 한 부분이 됩니다. 평가 결과가 진로에 대해 갖는 영향력 때문에 학생들은 평가에 대해 압박감을 느끼거나 부정적인 시각을 가지기도 합니다. 점수로 제공되는 시험 결과의 영향으로 학생들에게 평가는 힘들고 부담스럽게 여겨질 수도 있지만 평가 결과의 피드백은 학생의 성장과 발달을 돕는 긍정적 기능을 할 수 있습니다(이화진 외, 2013).

　학교에서 평가는 시험에 의해서만 이루어지지는 않습니다. 학교 수업 중에 평가는 항시 일어나는 일입니다. 다만 교사나 학생이 평가 상황을 평가로 느끼지 못하는 경우가 종종 있을 수 있습니다. 수업을 시작할 때 학생의 상태나 준비 정도를 교사가 파악하는 것도 수업 준비에 대한 평가라고 할 수 있고 수업 중 학생들이 학습내용을 잘 이해하고 있는 지를 살피는 것, 교사의 질문에 학생이 잘 대답하는지를 파악하는 것, 학생의 수업 태도에 대한 판단 등은 모두 교사가 평가를 수행하는 것이라고 할 수 있습니다. 토론 수업에서 다른 학생의 발표나 토론 내용에 대해서 잘 했다고 생각한다던지, 실험 수업에서 다른 조의 학생들이 자신보다 더 열심히 하고 있다고 느낀다던지 등은 수업 중에 학생들이 평가하는 상황이라고 할 수 있습니다.

학교 교육에서 이루어지는 평가는 무엇을 평가할지에 따라 여러 가지가 있을 수 있지만 기본적으로 평가는 학생의 장단점을 파악하여 피드백을 해줌으로써 학생의 성장과 발달을 돕는 긍정적인 기능을 한다고 할 수 있습니다. 이 절에서는 평가의 의미와 종류를 알아보고 최근 학교 교육에서 관심이 커지고 있는 과정중심평가에 대해 살펴보고자 합니다.

1) 평가의 의미

평가는 인간의 삶 속에서 자주 일어나는 일입니다. 물건을 하나 구입할 때에도 구입하려는 물건이 얼마나 가치가 있는지 생각하고 물건 값을 지불하게 되는데, 이때 물건의 가치에 대한 평가가 이루어집니다. 구입하고자 하는 물건이 얼마나 가치가 있을 것인지는 여러 가지 요인에 의해 결정됩니다. 구입하려는 사람에게 얼마나 필요한 것인지, 물건의 품질이 얼마나 좋은지, 구하기 어려운 것은 아닌지 등 여러 가지 요인이 있을 수 있습니다. 경우에 따라서는 물건의 가치를 판단하는 데 시간이 좀 필요한 경우도 있습니다. 주택을 구입하고자 하는 경우 주택이 갖는 가치를 판단하기 위해 제법 시간을 들여 여러 가지를 조사하게 됩니다. 교통 사정이나 생활 여건, 교육 여건 등 살펴볼 것이 많기 때문입니다.

학교 교육에서 학생에 대한 평가도 기본적으로는 가치판단의 의미를 가지지만 몇 가지 관점에서 평가의 정의를 생각해볼 수 있습니다. 교육에서 평가

주택을 구입할 때에도 부동산이 갖는 가치에 대한 평가를 하게 됩니다.

는 수업을 통해 교육목표가 얼마나 달성되었는지를 판단하는 과정으로 정의되기도 하고 교육에 필요한 의사결정을 위한 정보를 제공하는 것을 평가로 정의하기도 합니다. 교육목표에 도달한 정도를 판단한다는 것은 수업을 통해 지식에 대한 학생들의 이해 정도나 학생들이 배우고 익혀야 할 기능적인 목표를 얼마나 달성했는지를 알아보는 것이라고 할 수 있으므로 결국 평가는 수업을 통해 목표에 어느 정도 도달했는지를 알아보는 교육적 행위라고 할 수 있습니다. 평가의 의미가 판단을 내포한다는 것은 평가의 어원을 살펴보아도 알 수 있습니다. 평가는 적절한 기준에 따라 교육의 성과를 살필 수 있는 측정을 통해 교육의 결과에 대한 판단을 하는 것입니다.

다만 학생에 대한 평가는 사물에 대한 가치 판단과는 다른 측면도 가지고 있습니다. 자동차의 가치를 판단할 때는 자동차의 크기, 사양, 제조 연도, 사고 기록 등 눈으로 보고 확인할 수 있는 사항들을 조사하여 가치판단의 근거로 삼을 수 있습니다. 그러나 학생 평가는 기본적으로 학생의 내면에 존재하는 보이지 않는 특성에 대한 가치판단을 한다는 면에서 사물에 대한 가치판단과 다른 점이 있습니다. 어떤 학생의 지식에 대한 이해나 적용 능력이 얼마나 되는지, 문제를 이해하고 해결하는 능력이 어떠한지는 눈으로만 보아서는 알기 어렵고 특별한 조건이나 상황이 갖추어지지 않으면 겉으로 쉽게 드러나지 않습니다. 2015 개정 교육과정에 주요 핵심 역량으로 제시하고 있는 의사소통과 협력을 이끌어내는 능력도 어떤 조건이나 상황 없이 쉽게 측정할 수 없다는 점에서 마찬가지라고 할 수 있습니다. 예를 들어 학생이 논리적으로 사고할 수 있는지를 평가하려고 할 때 학생을 단순히 관찰하기만 해서는 학생의 사고 능력 정도를 판단하기 어렵습니다. 학생의 사고 능력은 눈에 보이는 특성이 아니며, 무게를 재거나 길이를 재는 등의 방법으로는 알 수 없기 때문입니다. 학생의 사고 능력의 수준을 알아보려면 논리적 사고가 필요한 문제 상황을 제시하고 학생이 문제 상황을 어떻게 파

악하고 주어진 상황에서 어떤 생각을 하는지, 문제를 해결하기 위해 어떤 방안을 내놓는지를 살펴보아야 합니다.

보이지 않는 특성을 평가한다는 것이 쉬운 일은 아니어서 평가를 위한 전문성이 요구됩니다. 경우에 따라서 교사는 발전 가능성을 염두에 두고 학생의 잠재적인 능력을 평가하는 경우도 있는데 이 또한 눈에 보이는 것으로 판단할 수 없어 어려운 일이라고 할 수 있습니다. 아직 발달 중에 있는 알을 보고 이 알이 멋진 새로 성장할 수 있음을 알아볼 수 있는 혜안이 교사에게 필요할 수 있습니다.

2) 평가의 종류

학교에서 학생을 대상으로 이루어지는 평가는 평가의 기능에 관련된 것과 평가에 사용되는 기준에 따른 것으로 구분할 수 있습니다. 과정중심평가를 이해하는 데 필요한 평가의 종류에 대해 살펴보겠습니다.

① 기능에 따른 평가

수업 진행과 관련된 평가는 수업 진행 과정에서 평가가 어떤 기능을 하는가에 따라 구분되는 것으로 진단평가, 형성평가, 총합평가가 있습니다.

진단평가(digsnotic evaluation)

병원에서 의사가 환자의 질병을 치료하기 전에 환자의 상태를 파악하기 위해 청진기를 이용해 심장 박동이나 호흡 상태를 검사하기도 하고 어디가 어떻게 아픈지 묻기도 합니다. 의사의 이러한 행위는 환자를 치료하기에 앞서 환자의 상태를 정확히 파악하기 위한 진단행위입니다. 학교에서 교사가 효과적인 수업을 하기 위해서는 학생의 현재 상태를 잘 파악할 필요가 있는데, 이러한 목적으로 이루어지는 평가가 진단평가입니다.

학생이 수업 전에 어느 정도까지 배워 알고 있는지를 의미하는 선수학습의 정도를 평가하기도 하고 학생의 사고 특성, 문장을 이해하는 능력 등을 파악하기도 하며, 학습 결손이 있는지를 알아보기도 합니다. 진단평가를 위해 교사는 학생의 전년도 학생생활기록부를 살펴보기도 하고 교사가 직접 제작한 질문지나 간단한 쪽지 시험지와 같은 도구를 준비하기도 합니다.

형성평가(formative evaluation)

형성평가는 교사가 수업 중에 학생의 학습 상태를 파악하고 수업에 사용하고 있는 교수 방법이 적절한지를 판단하여 수정·보완하기 위해 사용하는 평가입니다. 형성평가에서 형성(形成)이란 '어떤 모양이나 인격을 이룬다.'는 의미를 가지므로 수업이 진행되는 과정에서 중간 점검을 통해 수업 방법을 개선하였다면 중간 점검에 사용된 평가는 형성적 기능을 하였다고 말할 수 있습니다. 예를 들어, 수업 중에 교사가 이제까지 학습한 내용에 대한 적절한 질문을 통해 학생이 어떤 내용에 대한 이해를 어려워하는지 알아보고 학습의 어려움을 돕기 위한 방안을 제시하거나 동기를 유발할 방법을 찾는 행동을 한다면 교사는 형성평가를 하였고 평가 결과를 학생에게 피드백 하고 있다고 말할 수 있습니다. 형성평가에서는 보통 학생의 수준을 학생들 사이에서 상대적으로 비교하여 파악할 필요가 없습니다. 교사는 학생이 어느 정도 학습을 했는지를 학습목표 기준으로 절대평가 하게 됩니다. 교사는 학생이 어떤 부분에서 학습에 어려움을 느끼는지, 얼마나 어려워하는지를 파악하기에 적절한 형성평가 도구를 제작하여 사용하게 됩니다.

총합평가(summative evaluation)

총합평가는 총괄평가로도 불리웁니다. 총괄(總括)이란 '개별적인 여러 가지를 하나로 모아 뭉친다.'는 의미를 갖는 말입니다. 그러므로 학교 교육에서 총합평가는 수업을 통한 학습이 끝난 후 수업에 참여한 학생들의 상태에 대한 다양한 정보를 모아 학습해야 할 목표에 학생들이 어느 정도 도달했는지를 종합적으로 판단하는 평가를 말합니다. 한 학기의 수업이 끝난 후 학생들이 교과 내용을 이해한 정도나 교과에서 함양해야 할 기능을 어느 정도 익혔는지를 측정하여 학생생활기록부에 기록하였다면 총합평가를 한 것이라고 할 수 있습니다(김성숙 외, 2015).

진단평가, 형성평가, 총합평가의 비교 (김성숙 외, 2015)

	진단평가	형성평가	총합평가
시기	·교수·학습 시행 전	·교수·학습 시행 중	·교수·학습 완료 후
목적	·적절한 교수·학습전략 투입	·교수·학습 시행의 적절성 검토 ·교수·학습의 개선	·교육목표 달성도 확인 ·프로그램 선택 결정 ·책무성 점검
평가 방법	·비형식, 형식적 평가	·수시평가 ·비형식, 형식적 평가	·형식적 평가
평가 주체	·교사, 교육내용 전문가	·교사	·교육내용 전문가 ·교육평가 전문가
평가 기준	·준거참조(절대평가)	·준거참조(절대평가)	·준거참조(절대평가) ·규준참조(상대평가)
평가 문항	·준거에 부합하는 문항	·준거에 부합하는 문항	·준거에 부합하는 문항(규준참조) ·다양한 난도를 갖는 문항(규준참조)

② 평가 기준에 따른 평가

학생이 학습을 잘하였는지를 평가할 때 사용하는 기준에 따라 평가를 구분하면 규준참조평가와 준거참조평가로 구분할 수 있습니다.

규준참조평가(상대평가)

규준참조평가는 상대평가로도 불리는 것으로 수업 후 교육의 성과를 판단할 때 개인의 점수를 평균과 비교하여 상대적인 위치나 서열을 파악하는 평가입니다. 규준참조평가는 학생의 성취 정도를 상대적인 서열로 나타내는 데 관심이 있는 평가라고 할 수 있습니다. 학생의 성취 정도를 상대적으로 파악하기 위해서는 기준이 필요한 데, 평균은 상대적 비교를 위한 기준으로 사용됩니다. 한 학생이 학기말 과학 시험에서 70점을 받았을 경우 이 학생의 성취가 우수한지 아닌지를 판단하려면 평균을 알 필요가 있습니다. 평균이 70점이라면 보통 수준의 성취를 했다고 할 수 있지만 만약 평균이 40점이라면 학생은 평균 이상의 높은 성취를 했다고 말할 수 있기 때문입니다. 평균과 같이 개인 간의 점수를 상대적으로 비교하여 해석하기 위한 기준을 규준이라고 합니다. 규준참조평가에서는 학생의 성취 정도를 100점 만점이나 5단계(A, B, C, D, E)로 표시하는 방법을 사용합니다.

규준참조평가는 경쟁을 통해 학습 동기를 유발할 수 있다는 장점도 있지만 몇 가지 단점을 가지고 있습니다. 규준참조평가의 단점으로는 상대적인 서열을 평가결과로 제시하여 경쟁심을 과도하게 조장할 수 있고 그 결과 서열을 당연한 것으로 생각하게 할 수 있는 점, 깊이 있는 학습과 탐구를 통해 문제를 해결하는 능력 배양을 어렵게 할 수 있는 점, 학습 목표 도달 여부를 결과로 제시하지 않아 학습을 체계적으로 강화하지 못하는 점 등이 있습니다.

준거참조평가(절대평가)

준거(standard)는 사물의 정도나 성격을 알기 위한 근거나 기준을 의미하는 말로 학생 평가에서 준거는 학습목표를 의미한다고 할 수 있습니다. 즉, 준거는 학습 후에 학생이 가질 것으로 생각되는 지식이나 기능 수준을 의미하며, 준거참조평가는 수업을 통해 학생이 학습목표에 도달했는지를 판단하는 평가입니다. 학습목표 도달여부가 평가기준이라는 의미에서 준거참조평가는 절대평가로도 불리며, 목표를 지향하는 평가라고 할 수 있습니다. 준거참조평가에서는 학생이 학습한 내용이 어떤 것이고 학습한 결과 목표에 도달했는지를 평가 결과로 제시합니다. 따라서 준거참조평가에서는 교육내용과 학생이 학습 후 도달해야 할 최소 기준으로서 준거가 평가 결과를 구성하는 중요한 요소가 됩니다. 준거참조평가에서는 평가 결과를 목표 도달이나 목표 미도달의 2단계로 제시하기도 하고, 우리나라의 국가수준 학업성취도평가(NAEA)[1] 에서처럼 4단계의 학력(우수, 보통, 기초, 기초미달)으로 제시하기도 합니다.

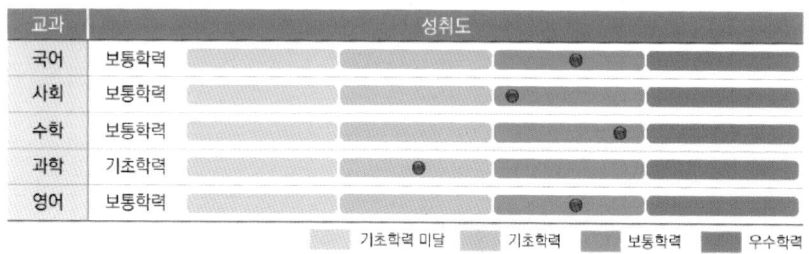

국가수준 학업성취도 평가에서 준거참조평가에 따른 성취도 평가표(동효관 외, 2017)

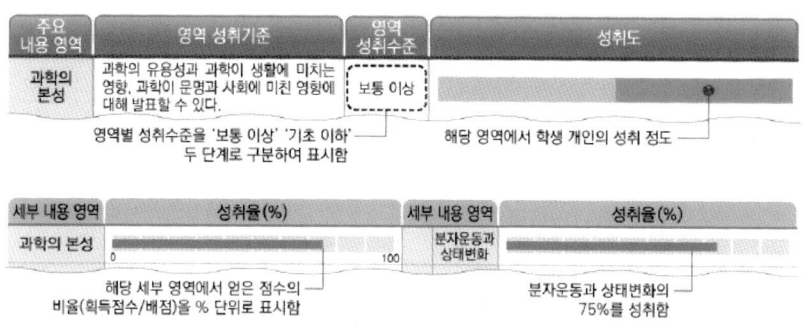

국가수준 학업성취도 평가에서 교과별 세부 영역 성취도 제시법 (동효관 외, 2017)

준거참조평가는 몇 가지 장점을 가지고 있습니다. 준거참조평가의 장점으로는 학습 결과 아는 것과 모르는 것에 대한 정보를 제공해 준다는 점, 깊이 있는 사고나 탐구 학습을 촉진할

---

1 국가수준에서 교육의 질관리를 위해 매년 중 · 고등학교 학생들을 대상으로 시행되는 학업성취도 평가(National Assessment of Educational Achievement)

수 있다는 점, 상대적 서열로 인한 압박감을 주지 않는다는 점, 평가 결과를 통해 교육과정 개선이나 교수학습 개선에 필요한 시사점을 얻을 수 있다는 점 등이 있습니다.

능력참조평가(ability-referenced evaluation)

능력참조평가는 학생이 지니고 있는 능력을 기준으로 하는 평가로 학생이 수업이나 과제를 수행하며 최선을 다했는지의 정도를 판단하는 것입니다. 능력참조평가에서는 개별 학생이 가진 능력을 기준으로 그 학생이 능력을 최대한 발휘한 것인지, 충분한 시간이 부여되었다면 더 잘 할 수 있었는지에 대해 살피고 판단합니다. 예를 들어, 아래 그림에서와 같이 동일한 점수를 받아 성취수준이 같은 두 학생 중에서 한 학생은 능력 수준은 낮지만 최선을 다하고 , 다른 학생은 능력 수준이 높지만 별다른 노력 없이 과제를 수행하여 동일한 점수를 받았다면, 두 학생의 점수가 같아 성취수준이 동일하다고 해도 개별 학생의 능력을 기준으로 할 때 최선을 다한 학생에게 높은 평가를 하게 됩니다.

능력참조평가에는 장단점이 있습니다. 능력참조평가를 하면 개별 학생의 다양한 능력수준을 고려하여 각자의 능력에 맞게 개별 학생들이 최선을 다할 수 있도록 동기를 유발할 수 있다는 장점이 있는 반면 개별 학생의 능력수준에 대해 정확한 정보를 얻을 수 없다면 평가 과정이나 평가 결과를 활용하는 데 한계가 있다는 단점도 있습니다.

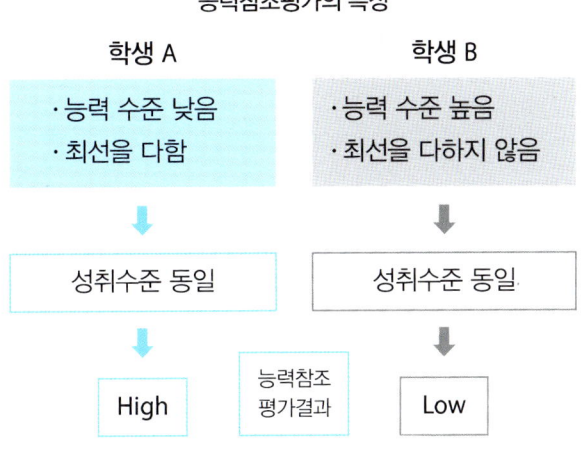

능력참조평가의 특징

성장참조평가(growth-referenced evaluation)

성장참조평가는 교육을 통해 학생이 얼마나 성장하였는가에 관심을 두는 평가로 최종 평가 결과의 높고 낮음보다 수업 전의 학생이 가진 능력 수준에 비해 수업 후 학생이 가지는 능력 수준이 얼마나 높아졌는지를 살피고 판단하는 평가입니다. 그러므로 성장참조평가에서는 1회 평가를 통해 평가 결과를 산출하지 않고 여러 차례의 평가를 통해 학생 개인의 능력 수준이 얼마나 달라졌는지를 평가합니다. 예를 들어, 동일한 수업을 받은 두 학생이 수업 후 90점으로 동일한 점수를 받았다고 가정해 봅니다. 두 학생 중 학생 A는 사전 점수가 50점이고 학생 B는 사전 점수가 75점이라면 사전 점수를 기준으로 학생 A가 더 많은 성장을 했다고 볼 수 있습니다. 점수를 받은 두 학생 중에서 한 학생은 사전점수에 비해 괄목할 만한 성장을 보였고, 다른 학생은 기존에 받은 점수와 큰 차이가 없었다면, 두 학생의 점수가 같아도 점수의 향상 정도가 큰 학생의 평가 결과가 높게 나타납니다.

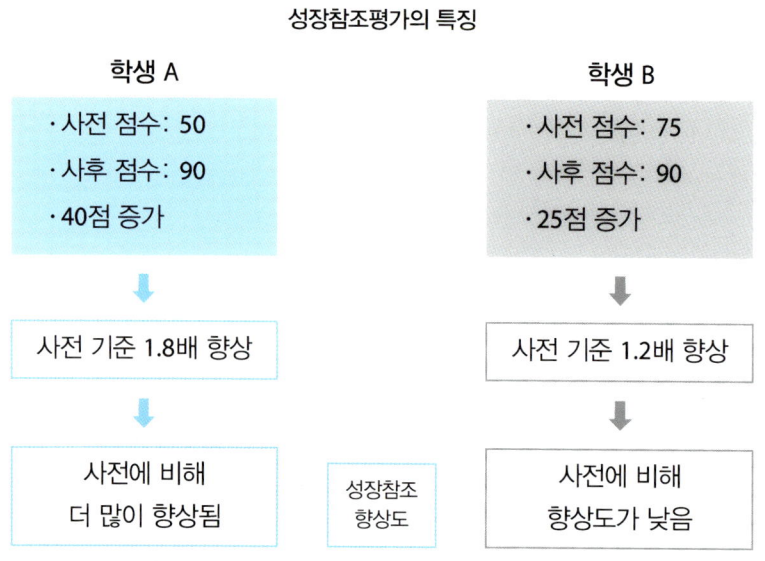

성장참조평가의 특징

학생 A	학생 B
·사전 점수: 50 ·사후 점수: 90 ·40점 증가	·사전 점수: 75 ·사후 점수: 90 ·25점 증가
↓	↓
사전 기준 1.8배 향상	사전 기준 1.2배 향상
↓	↓
사전에 비해 더 많이 향상됨	사전에 비해 향상도가 낮음

성장참조 향상도

성장참조평가도 능력참조평가와 마찬가지로 장단점이 있습니다. 개별 학생의 다양한 사전 능력수준을 고려하여 개별화된 평가를 통해 학업 증진의 기회를 부여할 수 있다는 장점이 있습니다. 물론 학업 수준이 높은 학생에게도 학업 증진의 기회가 부여됩니다. 반면에 사전 능력수준에 대한 정확한 정보를 얻기 어렵거나 여러 번의 평가를 시행하기 어려운 경우에는 평가 결과의 활용에 제한점이 있습니다. 이러한 이유로 상급학교 진학을 위한 시험 등 선발 기능이 강조되는 시험에서는 평가의 공정성에 대한 문제제기 가능성이 있어 능력참조평가나 성장참조평가를 하기 어렵습니다. 이상의 평가기준에 따른 교육평가의 유형별 특징을 정리하면 다음과 같습니다(성태제, 2010).

규준참조평가, 준거참조평가, 능력참조평가, 성장참조평가의 비교 (성태제, 2010)

	규준참조평가	준거참조평가	능력참조평가	성장참조평가
강조점	·상대적 서열	·특정 영역의 성취	·최대 능력 발휘	·능력의 변화
평가관	·개인차 인정	·완전학습	·개별학습, 개별평가	·개별학습, 개별평가
비교대상	·개인과 개인	·준거와 수행	·소유 능력과 수행 정도	·성장 및 변화의 정도
개인차	·극대화	·극대화 하지 않으려고 함	·고려하지 않음	·고려하지 않음
이용도	·분류, 선발, 배치 ·행정적 기능	·자격 부여 ·교수적 기능	·최대 능력 발휘 ·교수적 기능	·학습 향상 ·교수적 기능

③ 학생 평가 패러다임과 교육정책의 변화

학생 평가 패러다임의 변화

미래 사회는 현재와 많이 다를 것으로 예상되고 있습니다. 더 이상 노동이나 자본이 중심이 되지 않는 미래 사회는 지식 기반 사회가 심화되고 인구 구조에 변화가 오며, 과학기술의 발달로 인해 컴퓨터와 사물이 통신 네트워크로 연결되는 등 경제 및 사회 구조가 큰 변화를 겪을 것으로 예상됩니다. 환경 문제 및 지속 가능한 발전도 미래 사회의 중요한 이슈가 될 것으로 전망됩니다. 미래 사회에서는 많은 지식을 알고 이해하는 것으로 충분하지 않을 것입니다. 알고 있는 지식을 이용하여 비판적으로 사고할 수 있는 능력, 지식과 기능을 실제 생활의 문제해결에 적용할 수 있는 능력, 협력과 의사소통 능력, 새로운 아이디어를 창출해내는 창의적 사고 능력 등이 미래 사회에 요구되는 능력이라고 할 수 있습니다.

미래 사회에 대한 이러한 전망은 교육 전반에 걸쳐 많은 변화를 일으키고 있으며, 이에 따라 학교에서의 평가를 바라보는 관점에도 큰 변화가 나타나고 있습니다.

첫째는 평가의 관점이 학습한 결과에 대한 평가가 아니라 학습을 위한 평가의 관점으로 바뀌고 있다는 것입니다. 학습을 위한 평가를 강조하는 것은 학기말이나 학년말에 정기고사를 시행하고 학생의 학습 결과를 등급이나 점수로 나타낸 성적표를 제공하는 결과 중심평가로는 미래 사회를 대비한 인재 양성이 어렵다고 보는 것입니다. 평가를 교수·학습과 분리된 별도의 과정이 아니라 교수·학습과 연계된 하나의 수업 활동으로 보고 수업 과정 중에 다양한 평가를 실시하고 평가 결과를 학생에게 피드백하여 학습을 촉진하는 것이 필요하다는 것입니다. 이것은 교수·학습 기능을 극대화하는 평가의 기능을 강조하는 것이라고 할 수 있습니다.

학교 현장에 적용되고 있는 성취평가제도 교수·학습의 효과를 높이고자 하는 것과 관련이 있습니다. 성취평가제는 상대적 서열에 따라 '누가 더 잘했는지'를 평가하는 것이 아니라 '학생이 무엇을 어느 정도 성취하였는지'를 평가하여 앞으로 어떤 내용의 학습에 더 노력을 해야 할지, 장래 진로를 어느 쪽으로 해야 할지를 생각하는 데 필요한 정보를 제공할 수 있습니다. 이러한 측면에서 성취평가제는 교수·학습의 효과를 높이고 학생의 성장과 발달을 돕는 기능을 한다고 할 수 있습니다.

평가 관점의 변화

<table>
<tr><td align="center">학습 결과에 대한 평가</td><td align="center"></td><td align="center">학습을 위한 평가</td></tr>
<tr><td>·학기말 시험을 통한 총괄적 평가
·등급과 점수로 된 성적표 제공
·결과 중심 평가
·교사 주도 평가</td><td></td><td>·수업 중 이루어지는 평가
·진단 및 형성적 기능 강조
·과정 중심 평가
·교사 평가, 자기 평가, 동료 평가</td></tr>
</table>

(교육부·한국교육과정평가원, 2017)

두 번째는 평가의 기능에 대한 인식이 달라진 점입니다. 지금까지의 학생 평가에서는 학습 결과에 대한 총합적 평가를 통해 학생의 수준을 변별하는 평가의 기능이 강조되어 왔습니다. 학생 수준을 변별한 평가 결과는 학생의 졸업 자격을 확인하거나 학생을 선발하는 전형 자료로 사용되기도 하고 학교 교육의 성과를 확인하거나 교육 예산의 편성과 집행에 필요한 기초 자료로 활용되었습니다. 평가의 기능에서 선발기능이나 행정기능이 필요하지 않은 것은 아니지만 최근의 평가에서는 수업 과정에서 학생의 학습을 도울 수 있는 평가의 형성적 기능이 보다 강조되는 변화가 나타나고 있습니다.

셋째는 평가 영역에 있어서 인지적 영역과 함께 정의적 영역을 모두 중요하게 생각한다는 점입니다. 과거의 평가는 교과를 구성하는 내용 지식의 이해와 적용을 중심으로 한 인지적 영역의 평가가 중심이었고 흥미와 태도 등 정의적 영역에 대한 평가는 중요하게 인식되지 않았습니다. 그러나 학생의 정의적 특성은 학생이 어떤 능력을 발휘할 때 중요한 요소이자 자산이 될 수 있습니다. 수업 중의 발표나 토론, 협력을 통한 문제해결 과정에서 학생이 자신감과 만족감, 문제해결이 주는 흥미 등을 가지게 되었다면 이러한 정의적 특성은 학생이 학교를 졸업한 후에 자신이 속한 분야의 문제를 해결하는 과정에서 효과적으로 의사를 표현하고 상대를 설득하는 등의 과정을 성공적으로 수행하는 밑거름이 될 수 있을 것입니다. 이러한 측면에서 최근 학생 평가에서는 정의적 영역의 학생 특성을 평가하는 데 관심이 많습니다.

넷째는 핵심 역량의 평가가 강조되고 있다는 것입니다. 핵심 역량은 미래 사회를 대비하기 위해 갖추어야 할 능력으로 제시되고 있으며 일과 삶에 있어서 유능하게 살아가기 위해 갖추어야 할 기본적인 능력을 의미합니다(이근호 외, 2013). 학생 평가에서 핵심 역량이 강조되는 것은 지식의 양이 크게 늘어날 것으로 예상되는 미래 사회에서 지식의 전달보다는 지식을 활용할 수 있는 능력을 가르치는 것이 더 중요하다는 인식을 바탕으로 하고 있습니다. 이러한 인식을 바탕으로 2015 개정 교육과정에서는 '자기관리 역량', '지식정보처리 역량', '창의적 사고 역량', '심미적 감성 역량', '의사소통 역량', '공동체 역량' 등 6가지를 제시하여 핵심 역량의 함양을 강조하고 있습니다. 각 교과에서는 이 6가지 역량을 바탕으로 교과의 특성을 반영하여 교과에서 함양해야 할 역량을 제시하고 있습니다. 교육과정에서 강조되는 역량은 교육의 성과를 알아보기 위해 평가되어야 하므로 학생 평가에서도 역량을 평가하기 위한 방안이 개발되어야 합니다. 단순한 지식을 측정하기 위한 지필 평가는 역량을 평가하기에 적합하지 않으므로 비판적 사고 능력이나 정보수집 능력, 문제해결 능력 등 역량이 요구되는 문제 상황을 제시하고 이를 다양한 평가 방식을 통해 평가하는 접근 방법이 모색될 것입니다.

다섯째는 평가 방법이 다양해질 것이라는 점입니다. 학생의 학습 결과에 대한 평가는 학습이 마무리된 시점에서 학생의 지식 이해 정도를 지필 시험을 통해 평가하는데 큰 문제가 없습니다. 그러나 평가를 학생의 학습을 촉진하기 위한 것으로 보는 관점에서는 학생의 성장과 발달을 도울 수 있는 다양한 방법이 평가 방법으로 사용될 수 있습니다. 대화나 관찰을 통해 학생 특성을 평가하는 방법, 학습목표와 관련된 산출물이나 작품을 제작하게 하고 이를 평가하는 방법, 학생 스스로 자신의 흥미나 만족감, 자신감 등에 대해 말하거나 기술하게 하는 자기 보고식 평가 방법 등 다양한 방법이 고려될 수 있을 것입니다. 지필 평가에서 벗어나 컴퓨터를 기반으로 한 평가도 학생 평가에 도입될 수 있을 것입니다. 컴퓨터 기반 평가는 지필 평가의 한계를 뛰어 넘는 다양한 방식의 평가를 가능하게 합니다. 컴퓨터 기반 평가에서는 학생의 응답이나 선택에 따라 다양한 문제 상황이 제시되게 하거나 학생 수준에 맞는 문항을 개별 학생에 따라 선택적으로 제시하는 것이 가능하기 때문에 지필 평가에 비해 다양한 평가 결과를 얻을 수 있으며 학생에게 제공해 줄 수 있는 피드백 정보도 많다는 특징이 있습니다. 학생 평가에 대한 패러다임의 변화를 표로 나타내면 다음과 같습니다.

학생 평가 정책의 변화

세계 각국에서는 지식정보화 사회로의 전환에 대비하여 국가 경쟁력을 확보하기 위해 교육 분야에서도 혁신을 강조하고 있습니다. 미래 사회의 교육환경 변화에 대처하고 미래 사회에 적합한 인재를 양성하기 위해 핵심 역량을 갖춘 인재 양성을 위해 교육과정을 개정하고 평가 체제 및 방식에서도 변화를 추구하고 있습니다. 미국에서는 차세대 평가 체제로 'Smarter Balanced' 평가를 개발하여 미래 사회 변화에 대비하고 있습니다. 이 평가 체제는 진학과 취업에 필요한 핵심 역량을 중심으로 개발된 공통 핵심 성취기준에 기초한 것으로 학생의 수준에 적합한 피드백을 제공한다는 특징을 가집니다. 캐나다의 브리티스 콜롬비아 주

학생 평가에 대한 패러다임의 변화

	종래의 평가 방식		새로운 평가 방식
평가 체제	·상대평가 ·양적평가	⇨	·절대평가 ·질적평가
평가 목적	·선발 · 분류 · 배치 ·한 줄 세우기	⇨	·지도 · 조언 · 개선 ·여러 줄 세우기
평가 내용	·학습의 결과 중시 ·학문적 지능으 구성요소	⇨	·학습의 결과 및 과정 중시 ·실천적 지능의 구성요소
평가 방법	·선택적 문항을 이용한 지필평가 중심 ·일회적 평가 ·객관성 · 일관성 · 공정성 강조	⇨	·다양한 평가 방법 고려 ·지속적 · 종합적 평가 ·전문성 · 타당성 · 적합성 강조
평가 시기	·학습 활동이 종료되는 시점 ·교수 · 학습과 평가 분리	⇨	·학습 활동의 모든 과정 ·교수 · 학습과 평가 통합
교사 역할	·지식의 전달자	⇨	·학습자의 안내자 · 촉진자
학생 역할	·수동적인 학습자 ·지식의 재생산자	⇨	·능동적인 학습자 ·지식의 창조자
교수 학습	·교사중심 ·인지적 영역 중심 ·암기 위주 ·기본 학습능력 위주	⇨	·학생 중심 ·인지적 · 정의적 영역 모두 강조 ·탐구위주 ·창의성 등 고등 사고기능 강조

(교육부 · 한국교육과정평가원, 2017)

정부에서는 핵심 역량 및 개념 기반 통합적 평가를 하기 위해 컴퓨터를 이용한 평가 체제를 도입하는 등 학생 평가를 개선하기 위한 혁신적인 노력을 하고 있으며(BRITISH COLUMBIA, 2017), 호주에서는 창의 및 혁신, 비판적 사고력, 협력 및 의사소통 능력 등 21세기에 필요한 능력이나 기능을 측정하기 위한 연구를 2016년부터 계속해오고 있습니다(ACER, 2017). 일본에서도 미래 사회의 변화를 대비하여 사고력과 판단력, 표현력을 평가할 수 있는 평가 체제 개편을 추진하고 있습니다(한국교육과정평가원, 2017).

우리나라에서도 미래 사회 대비를 위한 사회적 요구에 대응하기 위한 교육적 노력이 이루어지고 있습니다. 교육부는 창의 · 융합형 인재 양성을 목표로 하는 2015 개정 교육과정을 고시하였습니다(교육부 2015a). 2015 개정 교육과정은 학교 교육을 통해 문 · 이과를 통합한 기초 소양을 함양하고 인문학적 상상력과 과학기술 창조력을 모두 갖춘 융합형 인재 양성을 추구하고 있음을 표명한 것으로 미래 사회를 대비한 교육 개혁의 의지를 드러낸 것이라고 할 수 있습니다. 2015 개정 교육과정에서는 미래 사회에 필요한 창의 융합형 인재상 제시뿐만 아니라 평가 방법의 변화도 권고하고 있습니다. 학교 교육을 통해 길러주어야 할 핵심 역량을 제시하고 이러한 역량 함양에 필요한 교수 · 학습방법과 평가 방법의 변화를 권고하고 있는 것입니다. 학습의 결과보다는 학습 과정을 중시하는 평가를 강화하여 학생이 자신의 학습을 되돌아보도록 돕고 평가 결과를 활용하여 교수 학습이 개선되도록 하는 것이 중요함을 강조하고 있습니다.

교육과정 개정에 따른 후속 조치로 학교생활기록부 작성 및 관리지침을 개정하면서 선택형 위주의 지필 평가를 축소하고 학생 참여 수업과 연계된 평가를 추진하며 학교급 및 과목별 특성을 고려하여 수행평가를 확대하도록 하고 있습니다(교육부 2016a). 교육부의 학교생활기록 작성 및 관리지침에 나타난 교과학습발달상황 평가와 관련된 학생 평가 방침을 보면 다음과 같이 수업과 연계된 수행평가가 강조되고 있음을 알 수 있습니다(교육부, 2016b).

교육부 학교생활기록 관리지침

- 교과학습발달상황의 평가는 지필평가와 수행평가로 구분하여 실시합니다. 다만 초등학교와 중학교의 과목 특성상 수업활동과 연계하여 수행평가만으로 평가가 필요한 경우와 고등학교의 전문교과 실기과목 등 특수한 경우는 시 · 도교육청의 학업성적관리 시행지침에 의거하여 학교별 학교학업성적관리규정으로 정하여 수행평가만으로 실시할 수 있습니다.
- 수행평가는 교과 수업 시간 중에 실시하는 것을 원칙으로 하되, 세부적인 사항은 시 · 도교육청의 학업성적관리 시행지침에 의거합니다.

이러한 경향은 시 · 도교육청의 교육정책에도 나타나고 있습니다. 서울특별시교육청의 교과학습 평가 시행 계획의 주요 내용을 살펴보면 학생의 성장과 발달을 지원하는 과정중심평가를 강조하고 있습니다(서울특별시 교육청, 2017).

서울특별시교육청 교과학습평가 시행계획

·학생의 성장과 발달을 지원하는 평가
- 수업을 통해 경험하는 배움과 성장 과정을 지원하는 방향으로 평가 패러다임 전환
·창의력, 문제해결력 등 고등사고력 신장을 목표로 하는 평가 시행
- '수업 중'에 실시되는 과정중심의 수행평가 활성화를 위한 학생 활동 중심의 수업 방법 개선 도모
·과정 중심의 질적 평가 내실화
- 서술형 평가 및 과정중심 수행평가를 강화하며 수업과 연계된 평가 활성화
- 학기 말 총 배점의 45% 이상 반영하되, 반영 비율의 양적 확대보다는 평가의 질적 향상에 초점을 둠
·인성적 요소를 반영한 정의적 영역 평가 실시
- 학기 초 교과목별 평가 계획에 포함하여 계획 수립하고 교육과정에 근거, 교과목별로 지향하는 핵심 역량과 관련된 정의적 요소를 추출하고 수업과 연계하여 평가

교과학습평가 시행계획에서는 수업 내용과 연계된 과정중심평가가 실시될 수 있도록 수업시간 내 활동 과정 및 산출물로 평가할 것을 강조하고 있음을 알 수 있으며, 시행계획에 제시된 수행평가 유형을 살펴보면 이러한 점이 다시 강조되고 있습니다(서울특별시 교육청, 2017).

권장하는 수행평가 유형

·교수 · 학습의 과정 속에서 시행되고, 정규 수업 시간 내에 진행되는 수행평가
·프로젝트학습, 실험, 토론, 논술 등 다양한 학생 참여형 수업 방법과 연계한 수행평가
·학생들의 다양한 잠재력 · 소질 · 적성 등을 계발하고 학생의 참여도를 측정할 수 있는 수행평가

학생의 부담을 줄이기 위해 교과별 평가 시행 시기가 분산되도록 사전에 계획하도록 권고하고 있으며, 지필평가의 횟수를 줄이고 관찰, 토론, 동료 평가 등 다양한 평가 방법 도입을 제시하고 있습니다. 과학교과의 경우 교과 특성을 살려 실험평가를 학기말 총 배점의 20%이상 반영하고 영어교과의 경우 듣기, 말하기, 쓰기 평가를 전체 평가의 50% 이상 반영하도록 제시하고 있습니다.

3) 과정중심평가

① 과정중심평가의 의미

과정중심평가란 교수·학습 과정에서 학생의 변화와 성장에 대한 자료를 다각도로 수집하여 적절한 피드백을 제공하는 평가입니다. 학생이 지식을 알고 있는지에 대한 여부를 평가하는 결과 중심적인 기존의 평가와 다르게 과정중심평가에서는 학생이 학습하는 과정과 수행하는 과정을 평가의 대상으로 합니다. 또한 평가 결과의 활용 범위를 확장하고 평가를 학습의 도구로 사용합니다. 우리나라에서는 교육과정에서 제시한 성취기준을 기반으로 교수·학습과 평가 계획을 세우고, 교수·학습 과정에서 자료를 다각도로 수집하여 적절한 피드백을 제공해야 합니다(교육부·한국교육과정평가원, 2017).

② 과정중심평가의 특징

'학습의 과정을 중시하는 평가'를 강조하는 2015 개정 교육과정의 고시와 교육부, 시도·교육청 등 교육당국의 과정중심평가 확대 정책이 시행되면서 과정중심평가에 대한 일반의 관심이 높아지고 있습니다. 학교 현장에서도 과정중심평가는 중요한 교육 이슈가 되고 있습니다. 과정중심평가는 결과 중심 평가와 대비되어 나타난 것으로 현재의 학교 교육의 평가가 학습한 결과를 평가하는 데 중점을 둔 것이라고 보고 미래 사회의 변화에 대비하는 교육을 하기 위해서는 학교에서의 평가가 과정 중심으로 이루어져야 한다는 시각이 반영되어 있다고 볼 수 있습니다. 이것은 미래의 학교에서는 학습한 결과를 평가하는 것을 넘어서 수업 과정에서 일어나는 교수학습과 평가가 통합되어야 할 필요성이 있음을 의미합니다.

학교에서 이루어지는 과정중심평가의 특징을 살펴보면 다음과 같습니다(전경희, 2016).

학습 결과에 대한 평가에서 학습을 위한 평가로의 전환

평가 결과로 산출된 점수는 일정 수준의 자격을 갖추었음을 확인해주거나 상급학교 진학에 필요한 전형 자료 등으로 활용될 수도 있습니다. 그러나 학교에서 보다 중요한 평가 결과의 활용은 교수·학습의 질을 개선하는 데 있습니다. 과정중심평가는 학생이 배운 것을 평가하는 학습 결과에 대한 평가(assessment of learning)를 넘어 평가의 결과를 교수·학습 개선을 위해 활용하는 학습을 위한 평가(Assessment for learning)로 패러다임을 확장하는 것이라고 할 수 있습니다.

학생의 성장과 발달을 돕는 평가

기존의 평가는 학생의 선발이나 학생의 수준을 변별하는 것을 중요시하는 총합평가의 기능에 관심이 많은 것이었다면 과정중심평가는 교육을 통해 학생이 성장하고 발달하는 데 관심이 많은 평가입니다. 평가의 기능적 측면에서 보면 과정중심평가는 형성적 기능(formative function)이 강조된 평가라고 할 수 있습니다. 형성적 기능은 교사가 수업 진행 과정을 수시로 점검하면서 학생에게 피드백을 제공하고, 이를 통해 수업을 개선하거나 대안을 탐색하는 것을 의미합니다. 과정중심평가는 아직 덜 성숙한 학생을 수업 및 수업과 연계된 평가 활동을 통해 성장하고 발달하도록 이끄는 형성적 기능을 강조하는 특징을 갖습니다.

사고 능력 및 통합적 지식과 기능 평가, 정의적 영역의 성장과 발달을 돕는 평가

내용 측면에서 과정중심평가는 교과별 단편 지식과 기능의 평가에 그치지 않고 높은 수준의 사고 능력과 통합적 지식과 기능을 평가한다는 특징이 있습니다. 또한 수업 중 다양한 방식의 평가를 사용하여 인지적 영역에서 학생의 성취뿐만 아니라 태도나 흥미 등 정의적 영역에서의 학생 변화를 평가하고 성장을 촉진하는 데 활용될 수 있습니다. 우리나라 학생들은 PISA[2]나 TIMSS[3]와 같은 국제학업성취도 연구에서 수학과 과학 교과에서 뛰어난 성취를 보이지만 흥미나 자신감 등에서 하위권에 있는 점을 고려할 때 과정중심평가는 더욱 우리 교육에 시사하는 바가 크다고 할 수 있습니다.

---

2 OECD에서 주관하는 학업성취도 국제 비교 연구(Programme for International Student Assessment). 자세한 사항은 http://www.kice.re.kr/sub/info.do?m=010303&s=kice 참조

3 국제교육성취도평가협회(IEA)에서 주관하는 수학·과학 성취도 추이 변화 국제 비교 연구(Trends in International Mathematics and Science Study). 자세한 사항은 http://www.kice.re.kr/sub/info.do?m=010303&s=kice 참조

평가 결과 보고 및 활용에서 차별화되는 평가

평가 결과를 학생에게 피드백 함으로써 학생은 자신의 성장과 발달에 도움을 줄 수 있는 유용한 정보를 얻을 수 있으며, 교사는 자신의 교육 활동을 개선하기 위한 정보를 얻을 수 있습니다. 이러한 측면에서 과정중심평가에서 피드백은 평가의 목적을 달성할 수 있는 핵심이라고 할 수 있으며, 과정중심평가는 기존의 결과 중심의 상대평가가 갖는 문제점을 해결하는 데 기여할 수 있을 것으로 생각됩니다.

상대평가 성격을 갖는 결과 중심 평가에서는 석차나 점수와 같은 상대적 서열 정보가 평가 결과의 핵심이므로 학생이 어느 정도 목표에 도달했는지에 대한 정보는 충분히 제공할 수 없었습니다. 따라서 결과 중심 평가는 학생 수준에 적합한 교수 학습을 모색하고 학생 성장과 발달을 위한 교육을 하는 데 제약이 많았습니다.

과정중심평가의 특징

특징	내용
수업 중에 시행	수업 중에 교수학습과 연계된 평가를 지향
성취기준에 기반	교육과정에 제시된 교과 성취 기준에 기반
수행 과정을 평가	학습자의 수행 과정을 대상으로 학습자의 발달을 평가
다양한 방법 활용	평가의 목적과 내용에 따라 다양한 방법을 활용
종합적 핵심 역량 평가	지식, 기능, 태도에 관련된 핵심 역량을 평가
학습자 발달에 피드백	학습자의 성장과 발달에 기여하는 피드백에 활용

(교육부 · 한국교육과정평가원(2017)을 기초로 재구성)

③ 과정중심평가의 종류

교수 · 학습과 연계한 과정중심평가는 학생의 학습 활동에서 수행 과정을 관찰하여 평가하고 피드백하는 것을 강조한 표현입니다. 과정중심평가를 통해 특정 시점에서의 수행 과정에 대한 평가 결과를 성적에 반영할 수도 있고, 일정 기간 동안의 수업 활동을 누적적으로 관찰하여 학교생활기록부에 학생의 수행 특성을 기록하는데 활용 할 수 있습니다.

　과정중심평가에서는 교사가 학생의 수행 활동을 관찰하여 평가하는 주체가 되며, 수행 과제의 특성에 따라 논술, 구술, 토의 · 토론, 프로젝트, 실험 · 실습, 포트폴리오 등의 방법을 사용할 수 있습니다. 이러한 수행 활동에는 지식, 기능, 태도 중 특정한 영역이나 여러 영역이 통합되어 나타날 수 있으며, 다양한 핵심 역량을 포함하고 있습니다. 따라서 수행 활동에 담긴 핵심 역량 요소를 평가할 수 있습니다. 또한 학생도 자신의 활동 반성이나 동료의 활동을 평가하는 주체가 될 수 있습니다.

　과정중심평가의 여러 가지 유형에 따른 특징을 간략하게 살펴보면 다음과 같습니다.

서술 · 논술형 평가

　논술형 평가는 문제 상황을 통해 출제자가 정한 답을 문제에 제시된 선택지 중에서 선택하는 것이 아니라 학생이 직접 답이라고 생각되는 지식이나 의견을 문장으로 제시한다는 점에서 공통점을 갖는 평가입니다. 답지 중에서 선택하는 것이 아니라 학생이 직접 답안을 적는 평가이기 때문에 추측에 의해 정답을 맞힐 가능성이 없으며, 학생의 창의성, 비판적 사고 능력, 문제해결능력, 정보 수집 및 분석 능력 등 고등 정신 능력을 평가하는 데 적합한 평가입니다.

　서술형 평가와 논술형 평가를 유사한 의미로 혼용하는 경우도 있으나 구분하여 사용하기도 합니다. 두 가지 평가를 구분하여 사용하는 경우 서술형 평가는 학생이 답안으로 서술할 분량이 상대적으로 많지 않고 채점기준은 학생이 작성한 답안 내용의 수준과 범위에 중점을 두어 작성되는 평가로 볼 수 있습니다. 이에 비해 논술형 평가는 완성된 문장으로 답을 작성한다는 측면에서는 서술형 평가와 유사하지만, 학생이 답안으로 서술할 분량이 상대적으로 많고 채점기준의 작성 시 서술된 답안 내용의 범위와 수준보다 문장의 구성과 표현, 근거에 입각한 논리적 일관성에 중점을 둔다는 점에서 차이가 있습니다. 논술형 평가는 서술형 평가에 비해 학생이 답안을 작성할 때 창의성과 논리적 사고 능력을 이용해 설득력 있게 답안을 작성할 것을 강조하는 평가라고 할 수 있습니다.

토의 · 토론 평가

서로 다른 의견을 제시할 수 있는 주제에 대해서 개인별 혹은 소집단별로 토의 · 토론을 하도록 한 다음, 학생들이 사전에 준비한 자료의 다양성이나 적절성, 내용의 논리성, 상대방의 의견을 존중하는 태도, 진행 방법 등을 종합적으로 평가하는 방법입니다. 특정 주제에 대해 학생들이 서로 토의하고 토론하는 것을 교사가 직접 관찰하여 평가할 수 있습니다.

일반적으로 토의는 문제의 답안을 풀거나 의견을 결정하기 위해 서로 협의하는 형태를 의미합니다. 학습 개념에 대해 학생들이 서로 질문하고 응답하는 것을 평가할 수도 있습니다. 토의 과정을 통해 나타나는 학생의 개념 이해 정도, 의사소통, 토론 태도 등을 평가할 수 있습니다. 토론은 찬성과 반대의 입장으로 나뉘어 자신의 주장을 위해 근거를 들어 논리적이고 합리적인 주장을 전개하며, 상대의 주장을 반박하며 설득하는 과정을 포함합니다. 학교에서 많이 이용하는 SSI(사회적 과학이슈) 토론 평가는 사회적으로 과학적 문제가 되는 이슈에 대해 찬성과 반대의 주장을 논리적으로 선택하고 합리적인 의사결정을 하는 과정을 대상으로 합니다. 토론을 통해 지식의 수준뿐만 아니라 의사소통 능력, 문제해결 능력, 과학적 사고력 등 다양한 핵심 역량들을 평가할 수 있습니다.

유대인의 전통적 학습법인 하브루타는 자신의 생각을 조직화하여 상대방에게 설명하고, 이야기를 듣고 질문하는 토의 · 토론 방법으로서 우리나라 교실 수업에서도 많이 활용하는 방법입니다. 이를 통해 서로 자기주도적 학습능력, 창의력, 사고력 등을 함양할 수 있습니다.

구술 · 발표 평가

구술 평가는 평가 범위를 미리 제시하고 교사가 관련된 주제나 질문을 제시하여 학생이 답변하게 하는 면접 형태의 평가입니다. 구술 평가는 주로 지식이나 판단력, 구체적 사고 내용 등을 말로 표현하는 것을 듣고 평가합니다. 구술과 유사하지만 발표 활동은 특정 내용이나 주제에 대해서 조사한 결과나 수업 산출물에 대해서 다른 사람에게 설명하고 의견을 표현하는 능력이 드러나게 됩니다. 따라서 발표 활동을 통해 학생의 자료 준비도, 내용의 이해력, 표현력, 의사소통 능력 등의 다양한 역량을 관찰하여 평가할 수 있습니다. 발표 평가에서는 교사뿐만 아니라 서로 다른 모둠의 발표 내용을 듣고 동료 간에 평가를 하는 방법도 사용할 수 있습니다.

실험 · 실습 평가

실험이나 관찰 활동에 대한 평가는 과학교과에서 주로 사용하는 방법입니다. 예 · 체능이나 기술 · 가정 등의 교과에서는 실습 활동에 대한 평가를 주로 하게 됩니다. 일반적으로 학생들이 직접 실험 · 실습을 하고 그에 대한 과정이나 결과에 대한 보고서를 쓰게 하는 경우가 많으므로 제출된 보고서와 함께 교사가 관찰한 실험 · 실습 과정을 종합적으로 평가하는 경우가 많습니다. 실험 · 실습 자체에 대한 과정평가로는 기자재의 조작 능력이나 태도, 지식을 적용하는 능력, 탐구 능력, 협력적 문제해결 능력 등에 대해서 포괄적이면서도 종합적으로 평가할 수 있습니다.

보고서 평가

보고서 평가란 수업 내용과 관련된 적합한 주제를 선정하여 학생이 탐구나 조사 과제를 수행한 후, 그 결과를 보고서로 작성한 결과물을 평가하는 것입니다. 따라서 보고서 평가는 실험 · 실습, 조사, 프로젝트 등 다양한 형태의 수행 활동과 연관된 결과물에 대하여 이루어집니다. 학생은 보고서를 작성하는 과정에서 주제에 대한 폭 넓은 이해, 주제를 탐구하기 위한 방법 설계, 탐구에 필요한 정보 수집 방법, 다양한 자료를 분류하고 분석하며 종합하는 방법, 보고서 작성법 등을 익히게 됩니다. 학습 주제의 특성에 따라 개인별이나 소집단별로 보고서 작성을 할 수 있으므로 개인별이나 소집단별로 보고서 평가를 할 수도 있습니다. 이러한 과정을 통해 과학적 사고력, 과학적 문제해결력, 창의적 사고력, 정보처리 능력, 협동능력 등의 역량을 평가할 수 있습니다.

보고서 평가의 대표적인 사례로 과학교과에서 주로 사용되는 탐구 보고서 평가가 있습니다. 일반적으로 과학교과에서는 탐구 과정에 해당하는 과학적 탐구 문제의 인식, 가설 설정, 실험 방법의 설계, 실험 수행, 자료 분석과 결론 도출 등을 수행하는 과정을 관찰하여 평가하는 것과 함께 그 내용을 기록한 보고서를 대상으로 평가가 이루어지게 됩니다. 학습내용을 공유하고 발표하는 과정에서 학생들이 서로 배울 수 있도록 기회를 제공할 수도 있으므로 보고서 평가는 보고서 내용을 발표하거나 토의하는 과정평가와 연계하기도 합니다.

프로젝트 평가

프로젝트 평가는 학생들에게 특정 문제를 해결하게 하거나 특정 주제를 탐구하게 하여 과제를 수행하게 하면서 전체 과정과 연구 보고서 및 산출물 등을 대상으로 종합적인 평가를 하는 것입니다. 프로젝트 평가에서는 결과뿐만 아니라 과제 수행을 위한 계획 단계에서부터 탐구 결과나 제작된 산출물을 완성하는 최종 단계까지의 전체 과정을 중요한 평가 대상으로 합니다. 프로젝트 평가는 학생의 수준에 따라 매우 어려운 평가가 될 수 있으므로 학생에게 요구되는 수준이 적절한 것인지, 학습한 내용에 기반한 과제인지 등을 사전에 점검할 필요가 있습니다. 학생 수준에 비해 지나치게 어려운 주제나 방법을 요구한다면 학생들은 프로젝트를 성공적으로 수행하기 어려울 것이기 때문입니다. 이러한 측면에서 학생이 프로젝트를 수행하는 데 기본적으로 알고 있어야 하는 내용은 학생이 학습한 내용에 기반한 것이어야 합니다. 필요에 따라서 교사는 학생이 프로젝트를 계획하고 수행할 수 있도록 프로젝트의 목표나 도달점, 수행 방식 등에 대해 학생 수준에 맞는 적절한 안내를 해주어야 합니다.

포트폴리오 평가

포트폴리오(portfolio) 평가는 학습 과정에서 학생이 만든 결과물을 모은 작품집이나 서류철을 활용하여 학생에 대한 평가를 하는 것입니다. 학교에서 이루어지는 평가는 주로 한 학기 동안의 과제를 수행한 결과를 모아서 포트폴리오 형태로 제출하도록 하여 평가하는 방식을 활용하는 경우가 많습니다. 포트폴리오 평가는 일회적인 평가가 아니고 장기간에 걸친 수행 과정과 결과에 대한 평가이므로 학생의 강점이나 약점, 성실성, 잠재 가능성 등을 종합적으로 파악할 수 있습니다. 또한 학생에게 학습에 대한 정리나 반성의 기회를 갖도록 하여 유용한 피드백을 제공해 줄 수 있으며, 학부모에게는 자녀의 성장과 발달에 대한 정보를 한 눈에 볼 수 있는 기회를 제공해 줄 수 있습니다.

포트폴리오는 장기간에 걸친 학생의 생각과 많은 노력을 기반으로 만들어지기 때문에 평가의 타당성이 높고 학생의 자기주도적 학습을 촉진하는데 유용합니다.

관찰 평가

관찰평가는 교실에서 많이 이루어지는 대표적인 과정평가의 방법입니다. 평가를 위한 시간을 따로 마련하지 않고 교사가 수업 중에 학생의 수행 활동과 언행 등을 관찰하여 피드백을 하면서 자연스럽게 평가를 할 수 있습니다. 일반적으로 한 학기 정도의 장기간에 걸쳐 매 시간에 눈에 띄는 학생의 행동 특성을 체크하여 누적적으로 평가함으로써 생활기록부의 세부 특기사항 등에 종합적으로 기록하는 경우가 많습니다. 특정한 수행 과제에 대해 평가 할 경우 일화기록법, 체크리스트, 평정 척도, 비디오 녹화 후 분석 등의 방법을 활용하기도 합니다. 그러나 교사 한 명이 많은 학생들이나 여러 모둠의 활동을 동시에 관찰하기 어렵기 때문에 최근에는 스마트 기기를 모둠별로 배부하고 중요한 수행 활동에 대해 동영상이나 사진 촬영을 하여 제출하도록 함으로써 관찰 평가의 객관성과 용이성을 높이고 있습니다.

자기평가와 동료 평가

자기평가는 수행 과정이나 학습 과정에 대하여 학생이 스스로 평가하는 수업 활동의 하나입니다. 자기평가는 학생들이 자신의 학습 준비도, 학습 동기, 성실성, 만족도, 다른 학습자들과의 관계, 성취 수준 등에 대해 스스로 생각하고 반성할 수 있는 기회를 제공해 줍니다. 이를 통해 학생은 스스로 평가 결과를 인식하면서 수업이나 과제 수행에 대한 동기 유발을 경험할 수도 있습니다.

동료 평가는 학습 과정이나 결과에 대해 학생들 사이에서 서로 평가하는 것입니다. 주로 모둠 내에서의 활동에 대해 평가하거나 다른 모둠의 발표 내용 등을 평가할 때 사용됩니다. 동료 평가 과정을 통해 모둠 활동에 학생들이 충실히 참여하도록 유도할 수도 있습니다. 학생들의 동료 평가 능력이 성숙될 경우에는 동료 평가 결과를 함께 사용하여 과정평가에 대한 교사의 주관성을 줄이고 성적 처리 방식에 대한 공정성을 높이는데 활용되기도 합니다.

II

과정중심평가와
'1'만의 세+특 만들기

3
평가 주체 유형별 가이드 팁

1) 자기평가

2015 개정 교육과정에서는 거꾸로 수업이나 사전 개념학습이 필요한 활동이나 탐구가 주로 이루어집니다. 이 과정에서 정보의 취득과 해석을 위한 사전 지식이나 사전 활동 유무의 평가가 중요한데, 이 과정은 학생 본인이 가장 잘 알고 있으므로 자기평가가 적합합니다. 자기평가를 위해서는 단원별로 '개인별 학습 자기평가 누가기록표'가 필요하므로 이를 사전에 제작해야 합니다. 학생들은 자기평가 누가기록표를 이용하여 스스로 누가 기록할 수 있습니다. 이 누가기록표를 통해 학생들의 개념 이해 정도뿐만 아니라 학생들이 사전학습과 이전 시간에 배운 내용에 대한 이해 정도를 스스로 평가해 보고, 그에 따른 수업 활동 참여 및 이해에 대한 차이에 대해 생각해 볼 수 있는 기회를 제공합니다. 교사가 제공하지 않을 경우 학부님들이 제작해서 자녀에게 제공해 주는 것도 자기주도적 학습을 위한 하나의 방법입니다.

사전학습 자기평가 누가기록표

이름: 홍 길 동

순	날짜	1. 사전학습 자료 유형 (사전학습이 있는 경우에만 작성)	2. 학습 유무	3. 전시 및 본시 학습 이해 정도						
				구분	평가					
1	9.17	☑동영상 □읽기자료 □기타( )	O , X	전시	①	②	③	④∨	⑤	
				본시	①	②	③	④	⑤	
		4. 학습내용								
2		□동영상 □읽기자료 □기타( )	O , X	전시	①	②	③	④	⑤	
				본시	①	②	③	④	⑤	
		학습내용								
…	…	…	…	…	…					
총평	이번 단원에 대한 사전학습 자기평가 누가 기록을 살펴보고 본인의 소감을 적어 보세요.									

기록지 작성

1번. 사전학습 자료의 유형은 교사가 제공하는 사전학습 자료의 유형을 기록한다.

2번. 사전학습 자료가 제공된 경우 학습의 유무는 주어진 사전학습을 했는지 안했는지를 유무로 체크한다.

3번. 내용 이해 정도의 평가는 전시(이전 시간) 학습 개념과 오늘 배울 내용에 대한 개념에 대해 사전 활동을 했는지, 내용은 이해했는지를 스스로 평가하도록 한다.

4번. 학습내용은 그날 공부한 내용과 학습 경험을 적는다.

자기평가 누가기록표는 학습한 개념의 이해 정도를 평가하는 데 활용될 수 있습니다.

평가 항목		평가 내용 / 평가 기준	평점				
지식	① 학습개념1 (전시개념)	감수 분열 과정에 대해 이해하고 있다. 이전 시간에 배운 내용(개념)	①	②	③	④	⑤
	② 학습개념2 (본시개념)	감수분열 과정 동영상 제작 앱을 사용할 수 있다. 오늘 배울 내용에 대한 사전학습 자료가 제공된 경우	①	②	③	④	⑤

평가 및 작성 요령

이전 시간 학습 개념 이해 정도와 학습내용은 진도와 맞춰 본인이 정하거나 교사가 제공한 내용을 바탕으로 스스로 평가하고 학습내용에 기록한다.

① 전시 학습 개념 이해 정도

지난 시간에 배운 내용의 이해 정도를 5점 척도로 나타낸다. 이해가 안되었을 경우에는 1점, 이해가 아주 잘 되었을 경우에는 5점으로 평정한다.

② 본시 학생 개념 이해 정도

보통 사전학습 자료의 사전학습 유무에 대한 경우 수업시간을 별도로 할애하여 학생 한 명 한 명을 교사가 확인하기에는 실질적인 어려움이 뒤따른다. 따라서 이번 시간에 배울 내용에 대한 사전학습이 제공되었을 경우 사전학습에 대한 이해의 정도를 5점 척도로 표시하는 방식이다.

자기평가 누가기록지표를 교사가 학생 활동 누가 기록에 기록할 때는 다음과 같이 기록할 수 있습니다.

학생 활동 누가 기록 예시

- 매 수업시간마다 자기평가 누가기록표를 꼼꼼하게 작성하였으며, ○○단원에서 사전 활동을 통해 수업 준비와 자기 주도적으로 학습할 줄 아는 학생임.(자기관리역량)
- ○○단원에서 자기평가 누가 기록지를 열심히 작성하면서 학습 관리를 할 줄 아는 자기관리역량이 뛰어난 학생임.(자기관리역량)
- ○○○ 단원의 수업에서 사전학습을 철저히 하며 수업 시간에 배울 내용에 대한 개념을 미리 조사하는 등 준비성이 철저한 학생임.

2) 동료 평가

동료 평가는 산출물에 대한 모둠 간 평가와 산출물 제작 과정에서 이루어지는 모둠 내 평가로 나눌 수 있습니다. 모둠 간 평가는 협동학습을 통해 모둠별로 만들어진 산출물을 다른 모둠이 평가하는 것이고, 모둠 내 평가는 모둠 내에서 활동을 하면서 기여도나 역량이 뛰어난 모둠원을 평가하는 방식입니다. 모둠 간 평가는 보통 교사들이 동료 평가 점수를 산출해서 성적에 반영하지만 모둠 내 평가는 개별 성적 산출의 어려움으로 보통 학생부 세부 특기 사항을 기록할 때 참고하기 위해서 작성하기도 합니다. 물론 모둠 내 동료 평가를 성적에 반영할 수도 있어서 그 방안도 알아보기로 하겠습니다.

① 모둠 간 평가

대부분의 활동이 모둠 활동으로 진행되므로 동료 평가를 진행할 수 있습니다. 다른 모둠의 발표를 평가할 수 있는 채점표를 학생들에게 배부하고, 발표를 들으며 평가를 실시하고 결과가 우수한 모둠에 대해서 학교생활기록부에 기록하는 형태로 진행할 수도 있습니다. 모둠 간 평가는 절대평가 방식과 상대평가 방식이 있을 수 있는데 평가 방식이 달라도 평가하는 항목은 동일합니다.

절대평가 방식

　절대평가 방식은 다른 모둠의 발표나 산출물을 모둠 간 절대평가로 평가하는 방식으로 보통 3점 척도로 평가합니다. 1~3점 중에서 잘했다고 생각하면 3점, 못했다고 생각하면 1점을 부여하는 방식입니다. 이 평가 방식의 경우 학생들이 변별력 없이 모두 잘했다고 평가한다거나 다른 반과의 형평성 문제로 실제 성적 산출 방법으로는 부적합합니다. 또한 학생들에게 각 평가 항목과 평가 내용을 교육하고 평가해야 합니다.

동료 평가지 1. 모둠 간 평가지: 절대평가용

과정형 평가표 (모둠 간 평가)									
학년 반						모둠			
번호	이름	번호	이름	번호	이름	번호	이름	번호	이름

평가요소	1. 논리성 : 작품이나 산출물이 논리적으로 제작되었는가?
	2. 정확성 : 내용이 명확하고 전달하고자하는 바가 정확한가?
	3. 발표 준비 및 태도

	1모둠	2모둠	3모둠	4모둠	5모둠	6모둠
논리성	1 / 2 / 3	1 / 2 / 3	1 / 2 / 3	1 / 2 / 3	1 / 2 / 3	1 / 2 / 3
정확성	1 / 2 / 3	1 / 2 / 3	1 / 2 / 3	1 / 2 / 3	1 / 2 / 3	1 / 2 / 3
발표 준비/ 태도	1 / 2 / 3	1 / 2 / 3	1 / 2 / 3	1 / 2 / 3	1 / 2 / 3	1 / 2 / 3
평정 결과						

평가항목	평가 내용 / 평가 기준
논리성	- 제시한 디자인 카드와 가상 원소 캐릭터 카드에서의 발견한 규칙성은 논리적인가?
정확성	- 조별로 발표된 규칙성에 대해서 다른 조에서도 인정하는가? - 조별로 추론한 미지 카드는 충분한 규칙에 근거하여 작성되었는가?
발표 준비 및 태도	- 발표 준비를 잘 하였는가? - 발표 내용을 이해하기 쉽게 잘 설명(전달)하는가? - 발표 내용에 대해 자신감을 갖고 발표하는가?

느낀점

상대평가 방식

학생부종합전형에서 내신이 중요해지면서 평가에서도 타당성을 담보하는 것이 중요해졌습니다. 기존에 해 왔던 다양한 방식의 절대평가로는 객관적인 성적 산출이 힘듭니다. 따라서 절대평가가 바람직하나 상대평가도 이루어지고 있습니다. 먼저 동료 평가를 위한 활동지는 다음과 같습니다.

동료 평가지 2. 모둠 간 평가지: 상대평가용

과정형 평가표 (모둠 간 평가)									
학년 반						모둠			
번호	이름	번호	이름	번호	이름	번호	이름	번호	이름

평가요소	1. 작품의 완성도가 높은가?
	2. 내용을 정확하게 표현하였는가?

모둠(조)	평가	평가		
		상	중	하
1				
2				
3				
4				
5				
6				

느낀 점

각 모둠별 산출물이나 결과물을 보고 자신이 속한 모둠원들 간 협의를 통해 다른 모둠을 평가할 때 수업마다 평가의 요소는 다르게 설정 됩니다. 이런 평가 요소에 따라 다른 모둠의 결과물을 평가해서 점수를 산정하는 방식으로 성적을 부여하게 됩니다.

자신의 모둠을 제외하고 평가한 자료를 바탕으로 점수 산정을 위한 채점표를 만듭니다. 합산 점수로 순위를 매기고 교사협의회에서 사전에 정한 배점을 기준으로 점수를 부여합니다. 동료 평가와 교사의 평가를 합산해서 총점을 냅니다. 수행평가의 점수 비중을 크게 하려면 점수 간 급간을 크게 하고, 비중을 줄이려면 급간을 최소화해서 부여하게 됩니다. 동료 평가 점수와 교사 평가 점수의 반영 비율을 다르게 할 수도 있습니다.

2〇〇〇학년도 〇학기 〇〇 평가 채점표(〇학년 〇반)

모둠	동료 평가 모둠						점수			교사평가		총점	비고
	1조	2조	3조	4조	5조	6조	합산	순위	배점	순위	배점		
1		2	2	2	3	1	10	4	44	중	48	92	
2	2		3	3	3	3	14	1	50	상	50	100	
3	3	3		3	2	2	13	3	46	중	48	94	
4	2	1	2		2	2	9	5	42	하	46	88	
5	3	3	3	2		3	14	1	50	상	50	100	
6	1	2	1	1	1		6	6	40	하	46	86	

평가 내역	
동료 평가	1. 자신의 모둠을 제외한 나머지 모둠에 대한 평가를 하여 점수를 부여한다. 2. 상:3점, 중:2점, 하:1점을 부여하여 총점을 합산한다. 3. 총점이 제일 높은 모둠부터 50점, 48점, 46점, 44점, 42점, 40점으로 급간의 차이를 2점으로 부여한다.
교사 평가	1. 상 2팀, 중 2팀, 하 2팀을 선정한다. 2. 상:50점, 중:48점, 하:46점을 부여하여 급간은 2점으로 한다.

모둠	조원	주제
1	○○○(○번), ○○○(○번),○○○(○번),○○○(○번)	지구온난화
2	○○○(○번), ○○○(○번),○○○(○번),○○○(○번)	저널리즘을 이용한 과학 정보의 전달
3	○○○(○번), ○○○(○번),○○○(○번),○○○(○번)	일상생활에서의 질병 발생에 대하여 소재
4	○○○(○번), ○○○(○번),○○○(○번),○○○(○번)	비행기 내에서 비상 상황 시 대처방법
5	○○○(○번), ○○○(○번),○○○(○번),○○○(○번)	생명의 탄생
6	○○○(○번), ○○○(○번),○○○(○번),○○○(○번)	패션

피드백

평가 요소	상	중	하
동료 평가	문제를 잘 이해하였으며 모둠원과 잘 협동하였다. 필요한 정보를 잘 찾아 해결 방법을 다양하게 제시하였다. 스토리보드에 따라 창의적으로 시간 내에 제작하였다.	문제의 이해는 부족하였으나 모둠원과 잘 협동하였다. 필요한 정보를 찾는 것은 부족하지만 해결 방법을 제시하였다. 스토리보드에 따른 창의성은 부족하였지만 시간 내에 제작하였다.	문제는 잘 이해하였으나 모둠원과의 협동이 부족하였다. 필요한 정보를 잘 찾았으나 해결 방법을 제시하지 못하였다. 스토리보드에 따라 창의적으로 제작하였으나 시간이 부족하였다.

학생 활동 누가 기록 예시

- ○○○ 활동에서 모둠원들과 협력을 통해 ○○○ 제작하는데 기여함. (의사소통 역량)
- 모둠원들과의 ○○○ 활동에서 독창적인 아이디어를 제안함.(창의적 사고역량)
- ○○○ 활동에서 문제를 잘 이해하였으며 모둠원과 잘 협동하여 주어진 시간 내에 작품을 제작하였음.
- ○○○ 활동에서 문제해결을 위해 필요한 정보를 잘 찾아 해결 방법을 다양하게 제시하여 문제를 해결하는데 도움을 줌.
- ○○○ 활동에서 스토리보드를 시간 내에 제작하였음.
- ○○○ 활동에서 다른 모둠과 차별화된 아이디어를 바탕으로 제작한 산출물이 모둠 간 평가에서 우수한 평가를 받음.

② 모둠 내 평가

모둠별로 이루어진 학습 및 전달, 토의 및 발표 활동에 대해 자신을 제외한 다른 모둠원들을 평가합니다. 모둠원의 활동을 평가할 수 있는 채점표를 학생들에게 배부하고, 모둠 활동 수행 시 모둠 내에서 활용하도록 합니다. 모둠 내 활동을 평가하는 방법에도 성적 반영을 위한 상대평가용과 세부 특기사항 기록을 위한 절대평가용이 있을 수 있습니다. 모둠 내 평가에서 모둠원들을 서로 평가하고 점수를 부여하기에는 부담스럽기 때문에 보통 모둠 내 평가는 성적에 반영하지 않습니다.

동료 평가지 1. 모둠 내 평가지

과정형 평가표 (모둠 내 평가)					
학년 반 번 모둠				성명	
모둠원	기여점수	이유			
○○○					
○○○					
○○○					
○○○					
합계	100				
※ 전체 모둠원들의 점수가 합계 100점이 될 수 있도록 각 모둠원들의 점수를 모둠 기여도를 바탕으로 부여해주세요.					

성적 산출을 위한 상대평가를 위와 같이 했을 경우 대부분의 학생들은 객관적으로 평가하지 못하고 성적이 좋은 학생들에게 점수를 몰아주거나 1/n로 성적을 나누는 방식으로 점수를 부여합니다. 그리고 점수를 개별적으로 부여할 경우 성적 환산이 어려워 교사들이 선호하지 않습니다. 따라서 모둠 내 평가를 통해서 성적을 산출하는 경우는 어렵습니다. 따라서 모둠 내 평가는 보통 학교생활기록부 세부 특기사항을 기록하기 위한 참고용으로 사용되는 경우가 많습니다.

예를 들어 다음에 제시하는 모둠 내 평가지를 작성하는 경우 모둠원 중에서 각 역량이 뛰어난 학생들을 기록하게 하고 이유를 기록하게 되면 세부 특기사항에 기록할 수 있는 내용이 풍성해지게 됩니다.

동료 평가지 2. 모둠 내 평가지

과정형 평가표 (모둠 내 평가)					
학년 반 번			모둠	성명	
평가 항목	가장 뛰어난 모둠원	이유			
자기관리 역량					
의사소통 역량					
심미적 감성 역량					
창의적 사고 역량					
지식정보처리 역량					
공동체 역량					
평가항목	내용				
자기관리 역량	자아정체성과 자신감을 가지고 자신의 삶과 진로에 필요한 기초 능력과 자질을 갖추어 자기 주도적으로 살아갈 수 있는 자기관리 역량				
의사소통 역량	언어 및 비언어적 표현 능력(말하기, 듣기(경청), 쓰기, 읽기, 텍스트 이해 등), 매체 활용 및 이해, 타인 이해 및 존중, 배려, 갈등 조정 등				

평가항목	내용
심미적 감성 역량	정서적 안정감, 예술적·문화적 감수성과 상상력, 타인의 경험에 대한 공감 능력, 가치 다양성의 이해와 존중 등
창의적 사고 역량	창의적 사고기능(인지적 능력) : 유창성, 융통성, 독창성, 정교성, 유추성 등 창의적 사고성향(정의적 특성) : 민감성, 개방성, 독립성, 과제집착력, 자발성 등 타 분야 지식, 기술의 융합·연계·활용 능력 등
지식정보처리 역량	논리적, 비판적 사고를 통한 문제 인식 / 정보 수집, 분석, 활용 등을 통한 문제해결 방안의 탐색 / 해결 방안의 실행 및 평가 / 매체 활용 능력 등
공동체 역량	지역·국가·세계 공동체의 구성원에게 요구되는 가치와 태도를 가지고 공동체 발전에 적극적으로 참여하는 공동체 역량

여기서 평가항목은 2015 개정 교육과정의 핵심 역량이며, 다른 평가 항목으로 평가할 수도 있습니다. 모둠 내 평가지는 매년 학기말에 학교생활기록부 기록에 참고할 내용을 제출받는 수고를 들 수 있어 최근 교사들이 많이 사용하고 있습니다. 이 평가지를 사용할 경우 과목별 세부 특기사항을 학생들에게 맞춤형으로 기록해 줄 수 있습니다.

학생 활동 누가 기록 예시

- ○○○ 활동에서 비판적 사고를 가지고 문제를 인식하여 정보를 수집하고, 수집된 정보를 효과적으로 사용하여 ○○○○ 문제를 해결할 줄 아는 지식정보처리 역량이 뛰어남(지식정보 처리 역량).
- 리더십을 발휘하여 토의를 이끌고 논리적 주장을 함으로써 다양한 문제해결 과정 속에서의 규칙성을 발견하는 데에 기여하였으며, 다른 친구들의 의견을 경청하고 존중하는 태도를 보임(의사소통 역량).
- 모둠에서 토론 개요서가 만들어진 합리적이고 논리적인 근거를 명확하게 제시하였으며 모둠의 판단 근거를 명확하게 발표함(과학적 사고력, 의사소통 역량).

과목별 세부 역량

- ○○○ 문제를 해결하는 과정에서 획일적인 규칙성에서 벗어나 다양한 규칙을 발견하기 위한 ○○○○○ 독창적인 아이디어를 제안하는 등 창의적인 사고 역량을 가진 학생임(창의적 사고 역량).

만약 학교에서 동료 평가나 자기평가를 하지 않는다거나 과목별 세부 특기사항을 잘 적어주지 않는 학교라고 해서 학교 선생님께 세부 특기사항을 적어달라거나 적어서 보내는 것은 불법입니다. 학생 참여형 수업을 하지 않고 강의식으로만 수업하는 선생님은 학생들의 세부 특기사항을 기록하기 어렵습니다. 따라서 과정 기록지를 일지나 일기처럼 과목별로 기록해서 담당 선생님께 참고 자료로 제출하는 방법도 있습니다. 과정 기록지는 매번 적는 것보다 특별한 활동이나 자신이 기억해야 할 내용 위주로 적는 것이 좋습니다. 일부 학교에서 고3 학생들을 위해 학교에서 과정 기록지를 책자 형태로 제작해서 제공하는 경우도 있지만 그렇지 않은 학교들도 많기 때문에 학생들이 스스로 제작해야만 합니다. 이 과정 기록지는 나중에 자기소개서를 작성할 때나 교사 추천서가 필요할 때 유용하게 사용될 수 있습니다

적자생존을 위한 과정 기록지

일시	2○○○년 월 일 교시
활동내용	오늘 무슨 활동을 했는지 적어보세요.

문제해결 (갈등관리)	오늘 수행 중 문제가 발생하였다면 문제를 기록하고 해결 방안을 찾아보세요.
느낀 점	

3) 교사에 의한 관찰평가

　교사에 의한 평가는 활동 유형별로 다양한 평가가 이루어지지만 여기서는 대부분의 활동에서 공통적으로 이루어지는 관찰 평가만 다루도록 하겠습니다. 활동 유형별 학생 참여형 수업의 목표인 핵심 역량 배양은 선택형 위주의 지필평가를 통해서 평가하기 어렵습니다. 따라서 학습 주제에 따라 핵심 역량의 영역에 해당하는 관찰 내용을 설정하고, 수업 시간 중에 교사가 학생들의 행동을 체크하여 누적으로 평가하는 것이 바람직합니다. 다음은 교사에 의한 관찰 평가를 위한 과정의 예시입니다.

　① 먼저 학습 주제와 활동에 적합한 관찰평가 요소를 설정합니다.
　② 관찰평가 요소가 어떤 핵심 역량 영역에 속하는지 판단하고, 각 핵심 역량에 따른 관찰평가
　　요소를 설정하여 코드화합니다.
　- 학습 주제가 달라져도 핵심 역량 영역은 그대로 두고 학습 활동에 따라 적절한 관찰평가 요
　　소를 설정할 수 있습니다.
　- 각 핵심 역량별로 관찰평가 결과를 누적할 수 있습니다.
　③ 〈핵심 역량에 따른 관찰평가 기준표〉를 프린트하여 교탁에 비치합니다.
　④ 학생 명렬표나 엑셀 파일(PC 사용가능 시)에 관찰평가 요소의 코드를 기록한 〈관찰평가 기록

표〉를 준비합니다.

⑤ 학습 활동에서 관찰된 학생들의 활동에 대해서만 〈핵심 역량에 따른 관찰평가 기준표〉를 보면서 〈관찰평가 기록표〉의 해당 기호 칸에 표시합니다.

– 우수한 활동에는 ○를 표시, 미흡한 활동에는 ×를 표시한다.

– 특이 사항에 대해서는 간단히 기술하여 학생 특성을 파악한다.

– 관찰되지 않은 학생의 경우에는 표시하지 않고 보통으로 평가한다.

⑥ 수업 중 학생 활동의 관찰 결과에 대해 바로 격려와 조언 등의 피드백을 합니다.

⑦ 〈관찰평가 기록표〉에 표시한 것을 수업 종료 직후 교사의 PC에서 엑셀 파일에 옮겨 표시합니다.

⑧ 한 학기나 일 년 동안 엑셀 파일에 기록한 〈관찰평가 기록표〉에서 핵심 역량 영역별로 각 학생의 ○, × 표시의 숫자를 산출합니다(○개수 -×개수).

⑨ 학급별로 각 핵심 역량에서의 ○개수에 대한 평균을 계산하여 누적 평가 척도를 설정하고, 각 평가 척도에 대해 핵심 역량 측면에서의 특징을 문장으로 기술하여 특이사항과 함께 학교생활기록부 작성에 활용합니다.

핵심 역량에 따른 관찰평가 기준표 예시

역량	관찰평가 요소 (예시)	코드
A. 기초능력	1. 수업 준비물을 잘 갖춘다.	A1
	2. 수업 태도가 바르다.	A2
B. 협동능력	1. 모둠활동에서 동료들과 협력적이다.	B1
C. 의사소통능력	1. 학습 관련 질문과 답변을 잘 한다.	C1
	2. 논리적으로 발표를 잘 한다.	C2
D. 문제해결 능력	1. 실험설계를 창의적으로 잘한다.	D1
E. 창의적 사고력	1. 남들과 다른 문제해결 방법을 제시한다.	E1
F. 자기주도적 학습능력	1. 사전학습을 잘 해온다.	F1

핵심 역량에 대한 누적 평가 척도표 예시

핵심 역량	매우 미흡	미흡	보통	우수	매우 우수
A. 기초 능력	5회 이하	6~10회	11~15회	16~20회	21회 이상
B. 협동 능력	2회 이하	3~5회	6~8회	9~11회	12회 이상
C. 의사소통 능력	4회 이하	5~8회	9~12회	13~17회	18회 이상
D. 문제해결 능력	3회 이하	4~7회	8~10회	11~13회	14회 이상
E. 창의적 사고력	2회 이하	3~5회	6~8회	9~11회	12회 이상
F. 자기주도적 학습 능력	5회 이하	6~10회	11~15회	16~20회	21회 이상
* 수업 시수나 학교별 학생 수준에 따라 평가 척도에 대한 기준을 조정					

관찰평가 기록표 예시

학반	○학년 ○반		일시	○○○○년 ○월 ○○일 ○교시				장소	과학실
학습주제		광합성과 호흡의 관계					학습방법	실험, 토의, 발표	
핵심 역량		기초		협동	의사소통		문제해결	창의사고	자기주도	특이사항
이름/코드		A1	A2	B1	C1	C2	D1	E1	F1

	이름/코드	A1	A2	B1	C1	C2	D1	E1	F1	특이사항
1	강○○	O	O		O		O		O	
2	김○○	×	×						×	
3	나○○	O		O	O				O	예리한 질문
4	박○○	O							O	
5	서○○	×		×					×	비참여
6	이○○	O	O			×		O	O	창의적 실험
…	…	×							O	…

만약 학생들이 생식세포 형성 과정에 대한 동영상이나 UCC를 제작하는 수업에서 협동성, 창의성, 정확성, 발표성을 관찰평가로 실시한다면 누적 평가가 아닌 활동에서는 실제 수업 중 모든 학생을 관찰평가 하기가 어렵습니다. 이런 경우 사전에 아래와 같은 체크리스트를 준비하여 3점 척도로 평가하기도 합니다.

체크리스트

번호	이름	협동성			창의성			정확성			발표성			총점
1	김○○	3점	2점	1점	3점	2점	1점	3점	2점	1점	3점	2점	1점	
2	이○○	3점	2점	1점	3점	2점	1점	3점	2점	1점	3점	2점	1점	
3	박○○	3점	2점	1점	3점	2점	1점	3점	2점	1점	3점	2점	1점	

평가 기준

평가 영역	평가항목	우수(3점)	보통(2점)	미흡(1점)
과정 평가	협동성	모둠원이 잘 협력하여 제작함.	모둠원이 때때로 협동하지 않음.	모둠원이 전혀 협동하지 않음.
	창의성	생식세포 형성과정 동영상을 만들면서 아주 창의적으로 제작함.	생식 세포 형성과정 동영상을 만들면서 평범하게 제작함.	생식 세포 형성과정 동영상을 부정확하게 제작함.
	정확성	생식 세포 형성과정을 정확하게 제작함.	생식 세포 형성과정 중 하나를 잘못 제작함.	생식 세포 형성과정 중 두 개 이상을 잘못 제작함.
	발표성	제작한 결과물의 특징을 잘 요약해서 조리있게 발표함.	제작한 결과물의 특징을 다소 부족하게 발표함.	제작한 결과물의 특징을 잘 발표하지 못함.

4

수업 유형별 가이드 팁: 논술형
(비판적 사고에 기반한 텍스트 읽기와 쓰기 평가)

1) 논술이 중요한 이유

자연계 학생들이 왜 글을 써야 할까요? 흔히 글쓰기는 인문 영역에 해당한다고 생각합니다. 하지만 대학이나 사회에서 실제 연구나 업무가 이뤄지는 과정을 보면 이런 생각과 많은 차이가 있습니다. 사실 보고서, 기획서, 연구 계획서 등 대부분의 일들이 글쓰기를 통해 진행됩니다. 게다가 최근에는 협업 과정에서 인터넷 상에 글을 써서 의사소통하는 방식이 점점 늘고 있는 추세입니다.

미국에서 성공한 엔지니어 4,000여 명을 대상으로 직장에서 필요한 항목을 조사하였더니, 상위 10개 항목 중 4개 항목이 기술 글쓰기, 발표, 속독, 대화 등과 같이 글쓰기를 포함한 의사소통 항목이었습니다. 이런 사회적 흐름에 따라 2015 개정 교육과정에서도 의사소통 역량을 핵심 역량으로 강조하고 있으며, 글쓰기는 이런 의사소통 역량 가운데 아주 중요한 자리를 차지하고 있습니다. 이처럼 글쓰기는 인문계 학생뿐만 아니라 자연계 학생들에게도 반드시 필요한 역량이므로 수학이나 과학 교과의 과정중심평가 방법의 하나로 널리 활용될 수 있습니다. 그런데 자연계 글쓰기는 시, 소설, 사서(history), 민요(ballad), 희곡 등과 같은 '예술적 글쓰기'와는 조금 다릅니다. 아래의 표와 같이 '문학 글쓰기'가 상상력에 바탕을 둔 예술적 글쓰기인 반면, '과학 글쓰기'는 이해와 설득을 위해 설명과 논증의 방법을 사용하는 글쓰기라고 할 수 있습니다. 따라서 자연계 글쓰기에서 가장 중요하고 대표적인 것이 바로 논리적 글쓰기(논술)입니다.

과학 글쓰기와 문학 글쓰기의 특징 대조

대조 기준＼글의 유형	과학 글쓰기	문학 글쓰기
글의 양식	설명, 논증	묘사, 서사(敍事)
표현 방식	명시적, 구체적, 객관적, 직설적 기술	함축적, 추상적, 주관적, 비유적 기술
궁극적 목적	이해	감동

(김종록 · 이관희, 2011)

'논술'은 흔히 '논리적 글쓰기'를 뜻하는데, 시나 소설과 같은 문학 글쓰기와 구별되며, 실용적 목적의 일상적 글쓰기와도 다릅니다. 학교 현장에서 논술 교육은 논술이라는 교과목을 교양 교과로 독립적으로 개설하여 이루어지는 경우도 있지만, 대부분은 기존의 개별 교과 수업 안에서 이루어집니다. 자연계 학생들에게도 이러한 논술 교육은 꼭 필요한데, 그 이유는 다음의 세 가지로 정리해 볼 수 있습니다.

첫째로, 논술은 학문적 의사소통의 기본 양식이기 때문입니다. 이는 논술의 의사소통적 측면에서의 중요성을 말하는데, 논술 능력이 학문적 탐구에 종사하는 사람이 갖추어야 할 기본 소양이라는 뜻입니다. 둘째로, 논술은 사고력을 향상시키기 때문입니다. 글을 읽고 쓰면서 우리의 사고는 활성화되고 명료하게 정리됩니다. 즉, 논술은 학생들로 하여금 자신들의 생각과 아이디어를 명료화하고 체계화하게 도와줍니다. 글을 쓰면서 우리는 우리 자신이 생각하는 바를 객관화하여 떠올리고(반성적 사고), 자신이 명확히 아는 것이 무엇이며 알아야 할 것이 무엇인지를 발견하게 됩니다. 특히 학문적 주제의 글쓰기 과정에서 '논리적 사고'와 '비판적 사고'가 확대 · 심화되어 특정 주제와 관련해서 자신이 진정으로 아는 바와 알아야 할 것이 무엇인지를 발견하게 됩니다. 즉 논술은 그 자체로 능동적으로 지식을 형성하는 과정입니다.

이것이 학교 교과 과정 안에 논술을 도입하는 주된 이유입니다.

셋째로, 논술은 자기주도적 학습의 한 양식이기 때문입니다. 교과목으로서의 논술(교과 논술)은 글쓰기 집중 수업을 의미하는데, 이는 전통적인 정보 전달 모형에서 벗어난 '능동적인 학생 참여 모형'의 하나입니다. 글쓰기를 통한 수업을 통해 학생들은 교과 내용을 수동적으로 주입 받는 것이 아니라 수업에 보다 능동적으로 참여하게 됩니다. 이를 통해 글쓰기를 통한 학습이 이루어지며, 궁극적으로는 교과 내용에 대한 심화 학습이 가능해집니다.

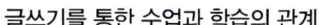

글쓰기를 통한 수업과 학습의 관계

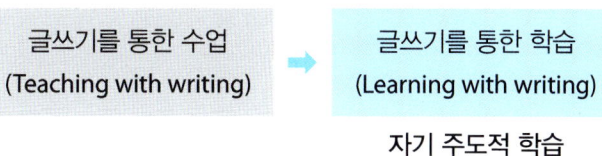

글쓰기를 통한 수업
(Teaching with writing) → 글쓰기를 통한 학습
(Learning with writing)

자기 주도적 학습

2) 논술 수업과 평가 과정

2015 개정 교육과정에서는 과정중심평가가 매우 강조되고 있습니다. 과정중심평가의 핵심은 수행평가의 내실화, 형성평가의 활용, 수업과 연계한 평가, 실생활과 연계한 평가(역량중심 평가), 적절한 피드백 등으로 정리할 수 있습니다. 그에 따라 최근 수행평가는 그 반영비율이 점점 증가하고 있고, 기존에 과제물 형태로 제시되던 평가 방법 대신 수업시간 중에 이루어지는 활동 과정과 결과를 동시에 평가하는 형태로 이루어집니다. 이런 면에서 볼 때 자연계 논술 수업과 논술형 평가 역시 실제 학교 현장에서 폭넓게 활용될 수 있는 방법이라 할 수 있습니다.

그럼 실제 학교 현장에서 자연계 논술 수업은 일반적으로 어떻게 이루어질까요? 논술이란 학문적 탐구 영역에서 주어진 다양한 형태의 텍스트에 대한 독해와 평가를 바탕으로 대안이나 새로운 텍스트를 제시하는 형태의 글쓰기를 말하는데, 이 과정은 보통 비판적 사고에 기초하고 있습니다. 따라서 논술에서 무엇보다 중요한 것은 비판적 사고를 활용하여 다양한 주제와 여러 종류의 텍스트를 이해하고 평가하여 새로운 텍스트를 산출해 내는 과정을 숙달하고 내면화하는 것입니다. 이를 실습 프로그램으로 체계화한 것이 '비판적 사고에 기반한 텍스트 읽기와 쓰기(CRW: critical reading and writing)'이며, 대개 논리적 글쓰기(논술) 실습 프로그램으로 학교 현장에서 많이 이용되고 있습니다.

　　CRW는 텍스트의 독해 및 평가와 새로운 텍스트의 산출을 위한 지침으로, '비판적 사고 요소와 기준'을 활용하는 실습 프로그램입니다. CRW는 아래의 그림과 같이 크게 세 단계로 이루어집니다. 비판적 사고 '요소'는 비판적 사고인 어떤 생각을 이루는 주요 형식적 부분들을 말하고, 비판적 사고 '기준'은 이러한 부분들이 각각 혹은 서로 결합함으로써 지니게 되는 내용적 속성들을 말합니다. '텍스트 읽기'는 주어진 텍스트로부터 비판적 사고 요소들을 포착하는 일이며, '텍스트 평가하기'는 비판적 사고 속성의 유무에 의거해 주어진 텍스트를 평가하는 일이고, '논술문 쓰기'는 스스로 논의 주제를 정하고 이에 대한 자신의 견해를 창의적으로 모색하여 제시하는 것입니다.

비판적 사고에 기반한 텍스트 읽기와 쓰기(CRW)의 세 과정

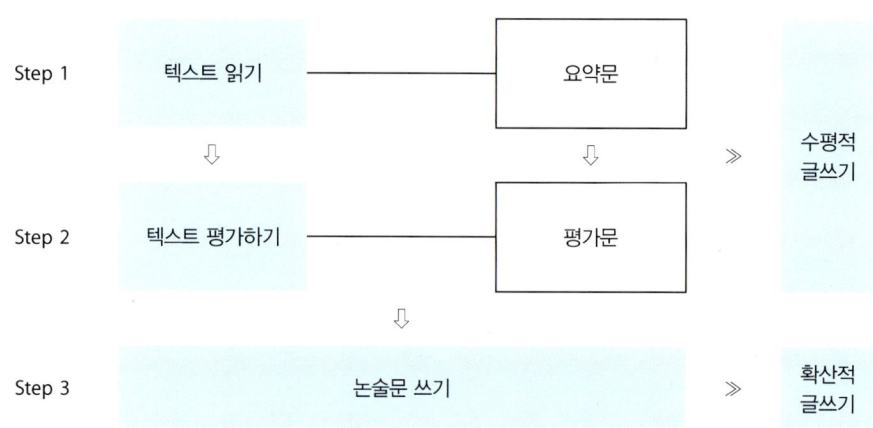

실제 학교 현장에서 이루어지는 CRW 기반 논술 수업의 세 단계 과정을 정리하면 다음과 같습니다.

1단계(텍스트 읽기)

① 텍스트 읽기의 성격과 지침 설명

② 예시 사례 제시 및 실습문제 풀이(지침 익히기→종합 문제)

③ 평가 및 피드백

2단계(텍스트 평가하기)

① 텍스트 평가하기의 성격과 지침 설명

② 예시 사례 제시 및 실습문제 풀이(지침 익히기→종합문제)

③ 종합문제 풀이(소그룹 협동학습:토의 및 발표)

④ 평가 및 피드백

3단계(논술문 쓰기)

① 논술문의 특징과 구성 방식 설명

② 논술문 구성 실습 문제 풀이(소그룹 협동학습)

③ 예비 단계(소그룹 협동학습):주제 설정 및 관련 자료 조사→ 개요 작성

④ 작성 단계(개별학습):개인별 논설문 작성

⑤ 평가 및 피드백

본 단락에서는 고등학교 생명과학 I 교과에서 이루어지는 과학 논술 수업과 그 평가 과정의 예를 살펴보고자 합니다. 제시된 예시는 학생 참여형 수업 형태의 하나인 거꾸로 학습(flipped learning)을 바탕으로 이루어지는 '과학 논술 및 발표 수업'이며, 예시 자료에 적용된 평가 방법은 '과정중심평가'로, 수업시간 중에 이루어지는 여러 가지 활동 과정과 결과(산출물)를 동시에 평가합니다.

한눈에 보는 과학 글쓰기(논술) 수업 개관 예시

<table>
<tr>
<td rowspan="2">교과</td>
<td rowspan="2">고등학교 생명과학 I</td>
<td rowspan="2">단원</td>
<td>2009개정</td>
<td>3.2.3 항상성 유지</td>
</tr>
<tr>
<td>2015개정</td>
<td>3.1.2 항상성 유지</td>
</tr>
<tr>
<td>주제</td>
<td colspan="4">달콤함이 부른 질병, 당뇨병의 원인과 예방</td>
</tr>
<tr>
<td>학습 활동</td>
<td colspan="4">혈당량 조절 과정에 대해 학습한 후 이루어지는 '당뇨병의 원인과 치료 방법'에 대한 과학 글쓰기(논술) 및 발표 활동</td>
</tr>
<tr>
<td rowspan="2">주요
평가 방법</td>
<td colspan="2">활동지 평가(과정 평가)</td>
<td colspan="2">사전학습 누가기록 평가(자기평가)</td>
</tr>
<tr>
<td colspan="2">산출물 평가(결과 평가)</td>
<td colspan="2">발표 평가(동료 평가)</td>
</tr>
<tr>
<td>학습 목표</td>
<td colspan="4">·당뇨병의 원인과 치료 방법을 설명할 수 있다.
·자신의 생각을 논리적 근거를 들어 서술할 수 있다.</td>
</tr>
<tr>
<td>학생참여형
수업 형태</td>
<td colspan="2">플립드 러닝을 적용한 과학 글쓰기(논술) 및 발표 수업</td>
<td>차시</td>
<td>2차시(블럭 타임)</td>
</tr>
<tr>
<td>준비물</td>
<td colspan="2">교과서, 필기구, 스마트 기기 등</td>
<td>사전학습 영상</td>
<td>호르몬에 의한 혈당량 조절
(8분 49초)</td>
</tr>
<tr>
<td rowspan="2">2015개정
핵심 역량</td>
<td colspan="2">□자기관리 역량</td>
<td>☑지식정보처리 역량</td>
<td>☑창의적 사고 역량</td>
</tr>
<tr>
<td colspan="2">□심미적 감성 역량</td>
<td>☑의사소통 역량</td>
<td>□공동체 역량</td>
</tr>
<tr>
<td rowspan="3">성취
기준</td>
<td>2009
개정</td>
<td colspan="3">·[생1312-3]당뇨병의 원인과 치료 방법을 설명할 수 있다.</td>
</tr>
<tr>
<td rowspan="2">2015
개정</td>
<td colspan="3">·[12생과 I 03-04]내분비계와 호르몬의 특성을 이해하고, 사람의 주요 호르몬의 과잉·결핍에 따른 질환에 대해 설명할 수 있다.</td>
</tr>
<tr>
<td colspan="3">·[12생과 I 03-05]신경계와 내분비계의 조절 작용을 통해 우리 몸의 항상성이 유지되는 과정을 설명할 수 있다.</td>
</tr>
<tr>
<td rowspan="3">성취
수준</td>
<td>상</td>
<td colspan="3">체내에서 일어나는 혈당의 조절방법과 관련하여 당뇨병의 원인을 구체적으로 제시할 수 있고 원인에 따른 치료방법을 설명할 수 있다.</td>
</tr>
<tr>
<td>중</td>
<td colspan="3">혈당 조절의 이상으로 인한 당뇨병의 원인들을 제시하고 치료방법을 한 가지 이상 제시할 수 있다.</td>
</tr>
<tr>
<td>하</td>
<td colspan="3">당뇨병의 원인과 치료 방법에 대해 단편적으로 설명할 수 있다.</td>
</tr>
</table>

① 한눈에 보는 논술 수업 과정과 평가

선수 학습내용 정리 및 보충 [도입]	과정 평가
·호르몬 듣기 평가(1분 49초): [활동1] ·동영상 시청: 인슐린의 작용(How does insulin work in the body), 당뇨병이란?(경희의료원)	·활동지 평가[활동1] - 호르몬 듣기 평가

⇩

수업 안내	과정 평가
·문제로의 초대: 학습 주제 및 최종 글쓰기 과제 확인(논제 분석)	·활동지 평가[활동2] - 논제 분석 활동

⇩

교수 · 학습 활동		과정 평가
자료 수집 및 생각 정리하기 (구조화)	·제시문을 잘 읽고, 글쓰기 과제와 관련된 주요 내용을 정리 · 요약함. ·스마트 기기를 활용하여 글쓰기 과제 관련 자료를 수집 · 정리함.	·활동지 평가[활동3] - 자료수집 및 생각 정리(구조화)
최종 과제 글쓰기	·정리한 내용을 바탕으로 개요 작성 ·개요에 따라 글을 완성함. ·퇴고: 어색한 곳이나 맞춤법이 잘못된 곳 수정	·활동지 평가[활동4] - 개요 작성 및 글쓰기
발표 및 평가하기	·각 모둠별 최종 원고 발표 및 동료 평가 ·대표 발표: 각 모둠의 대표작 발표 ·교사 평가 및 피드백	·산출물 평가

⇩

수업 정리 [정리]	형성 (결과) 평가
·정리 및 질문 받기 ·차시 예고	자기 · 동료 평가(사전학습 및 태도)

② 논술 평가 방법

논술형 평가는 평가 주체에 따라 크게 교사 평가, 자기평가, 동료 평가로 나눌 수 있고, 평가 요소에 따라 활동지 평가, 산출물(결과) 평가, 태도 평가로 나눌 수 있습니다. 보통의 경우 결과(산출물)에 대한 평가가 주를 이루나, 최근 과정중심평가가 강조됨에 따라 학생 활동지를 통한 논술문 작성 과정도 함께 평가하며, 논술문(산출물) 평가의 경우 객관적인 평가를 위해 평가 척도(준거: 채점 기준)에 근거하여 채점하는 것이 보통입니다.

학교 현장에서 주로 많이 활용되는 평가 방법은 활동지 평가(교사 평가 · 과정 평가), 사전학습 누가기록 평가(자기평가), 산출물 평가(교사 평가 · 결과 평가), 발표 평가(동료 평가) 등입니다. 이러한 여러 가지 평가 방법 중에서 수행평가 성적에 주로 반영되는 것은 '활동지'나 '산출물' 평가와 같이 공정성이 담보된 교사에 의해 이루어지는 평가(교사 평가)의 결과입니다. 자기평가나 동료 평가의 결과는 공정성을 확보하기 어려운 경우가 있으므로 수행평가 성적으로 반영하기보다는 주로 학습의 동기를 부여하거나 자신의 학습에 대한 성찰 기회를 제공하기 위해 이루어집니다.

최근 교사 평가에서 칭찬과 개선점을 적절히 제시하고, 얼마나 발전하였는지에 대한 성장 참조적 피드백을 함께 제공하는 경우가 많습니다. 또 학생들에게 미리 구체적인 평가 척도(준거)를 알려주어 평가에 적절히 대비하도록 하며, 이해 · 분석력, 논리력(논증력), 표현력, 발표의 유창성 등의 영역이 고르게 평가되도록 하고, 평가 결과 성취 수준을 상 · 중 · 하로 구분하여 적절히 피드백 하는 것이 일반적입니다. 거꾸로 학습(flipped learning)을 위한 '사전학습 활동지 평가'는 주로 교사에 의해 이루어지는 과정 평가로, 작성한 사전학습 활동지 내용의 충실도나 정확성을 주로 평가하며, 그 결과를 학기말 수행평가 성적에도 반영합니다.

'학생 활동지 평가' 역시 주로 교사에 의해 이루어지는 과정 평가로, 학생 활동지를 이용하여 과학 논술 수업 과정에서 이루어지는 학생들의 다양한 활동들을 평가하며, 그 결과를 학기말 수행평가 성적에도 반영합니다. 학생 활동지 내용은 주로 과학 논술형 문항의 일반적 해결 과정인 '문제의 이해→해결 전략→개요 작성→답안 쓰기'의 4단계로 제시되는 경우가 보통입니다. '문제의 이해' 단계에서는 논제 분석, 제시문 분석, 출제 의도 파악 등이 이루어집니다. '해결 전략' 단계에서는 논제에 대한 근거를 확보하고 적절한 추론 과정을 통해 근거와 주장을 연결합니다. '개요 작성' 단계에서는 평가요소를 고려하여 답안을 최적화합니다. '답안 쓰기' 단계에서는 개요에 따라 답안을 쓰고 최종적으로 답안을 수정합니다. 논술 학생 활동지에는 주로 다음과 같은 활동 내용이 포함됩니다.

논술 학생 활동지 주요 내용 예시

학생 활동	내용
문제로의 초대(논제 분석)	각 논제의 요구사항과 요구 조건은 무엇인가?
자료 수집 및 생각 정리하기(구조화)	[제시문 요약, 인터넷 활용 자료 수집 및 정리] ・제시문의 핵심어를 찾아 쓰시오. ・제시문의 핵심 내용을 요약하시오. ・인터넷을 활용하여 추가로 수집한 자료를 정리하시오. [제시문과 수집한 자료를 근거로 논증 구조 만들기] ・주장 만들기 ・주장에 대한 과학적 근거 제시하기
최종 논술문 쓰기 (개요 작성 및 글쓰기)	[개요 작성] ・위에서 작성한 자료를 바탕으로 개요를 작성하시오. [글쓰기 및 퇴고] ・개요에 따라 답안지에 논제에 대한 최종 글쓰기를 하시오. ・자신의 글을 읽어 보고 어색하거나 부족한 부분을 수정하시오.

'산출물 평가'는 주로 교사에 의해 이루어지는 결과 평가로, 학생들이 최종 작성한 논술문(산출물)에 대해 이해·분석력, 논리력(논증력), 표현력 등의 관점에서 주로 평가하며, 대부분 평가 결과를 학기말 수행평가 성적에 반영합니다. 실제 학교 현장에서 이루어지는 논술문(산출물) 평가 사례는 다음과 같습니다.

과학 논술형 평가 논제 및 학생 모범 답안 예시

구분	내용
논제 1	당뇨병이 발생하는 원인과 치료 방법을 정리하여 서술하시오.[요약하기-이해력]
모범 답안 1	제1형 당뇨병은 '인슐린 의존성 당뇨병'이라고도 하는데, 자가 면역 질환에 의한 이자의 β세포 파괴로 인슐린이 결핍된 것이 원인이다. 따라서 제1형 당뇨병은 혈당을 강하시키는 약제나 주사(인슐린 주사)로 혈당량을 낮추어 치료한다. 반면 제2형 당뇨병은 '인슐린 비의존성 당뇨병'이라고도 하는데, 인슐린의 표적 세포인 근육 세포나 간세포의 인슐린에 대한 반응 저하가 원인이다. 제2형 당뇨병의 경우 과체중이나 운동 부족과의 연관성이 있으므로 대부분 균형 잡힌 식사와 규칙적인 운동으로 혈당량을 조절할 수 있고, 일부는 약물 요법으로 치료하기도 한다.

논제 2	당뇨병을 예방하거나 합병증을 줄일 수 있는 방법 2가지를 식습관 및 행동과 관련지어 논술하시오. [논리력-논증력]
모범 답안 2	당뇨병을 예방하거나 합병증을 줄이기 위해서는 당뇨의 원인인 혈당이 비정상적으로 높아지는 것을 막아야 한다. 이를 위해 식이요법과 규칙적인 운동을 통해 비만을 예방하고 혈당량을 적절히 조절해야 한다. 당뇨병에 걸리면 혈당 조절이 제대로 이루어지지 않으므로, 설탕이 들어 있는 음식은 피하고 비만을 유발하는 기름기 많은 음식, 즉석 식품 등도 섭취하지 않는 것이 좋다(식이요법). 즉, 알맞은 열량을 규칙적으로 골고루 섭취하는 식생활 습관은 혈당이 지나치게 올라가지 않도록 한다. 또 적당하고 규칙적인 운동을 통해 에너지원인 혈당을 적절히 소모함으로써 혈당이 높아지는 것을 막는 동시에 적절한 체중을 유지할 수 있다.

위에 제시된 논제와 모범 답안을 기준으로 실제 교사에 의해 이루어지는 논술문 평가 사례를 구체적으로 살펴보겠습니다.

당뇨병은 혈당이 비정상적으로 높은 상태가 지속되는 병으로, 인슐린이 제대로 분비되지 않거나 인슐린의 표적 세포 이상으로 혈당량이 높게 유지된다.

[논제1](요약하기-이해력)의 경우는 제시문을 읽고 요약하는 문항으로, 글을 읽고 이해하는 것과 더불어 출제 의도를 파악하는 것이 필요합니다. 위의 예시 답안은 도입 부분에 당뇨병이란 무엇인지 서술하여 좋았으나, 당뇨병의 원인만을 제1형과 제2형 당뇨병으로 구분하지 않고 서술하였고, 당뇨병의 치료 방법에 대해 언급하지 않았습니다. 이는 논제 분석 과정에서 요구사항을 명확히 파악하지 않고, 제시문의 분석 과정에서 출제 의도를 제대로 파악하지 않아 나타난 결과입니다.

당뇨병을 예방하거나 합병증을 줄이기 위해서는 당뇨의 원인인 비만을 예방하고 혈당량을 적절히 조절해야 한다. / 또 규칙적인 운동을 통해 혈당이 높아지지 않도록 해야 한다.

[논제2](논리력·논증력)의 경우는 과학적 근거를 들어 자신의 주장을 논증 형식으로 표현하는 문항입니다. 위의 예시 답안은 당뇨병을 예방하거나 합병증을 줄이기 위해 혈당량을 적절히 조절하는 구체적인 식이요법 방법이 제시되지 않았고, 이에 대한 과학적 근거를 명확히 설명하지 않았으며, 예방법의 하나로 규칙적인 운동을 제시하였으나 이에 대한 과학적 근거를 명확히 설명하지 않는 등 논증력이 부족합니다. 이는 논제 분석 과정에서 요구사항을 제대로 파악하지 못했고, 제시문 분석 과정에서 출제 의도 파악과 근거 확보가 제대로 이루어지지 않아 나타난 결과입니다.

'자기평가'나 '동료 평가' 시에는 평가 척도(준거)에 근거한 객관적이고 합리적인 평가가 이루어지도록 평가 방법에 대해 사전에 지도하는 경우도 있지만, 그 결과에 대한 공정성 확보가 어려운 경우가 많아 실제 수행평가 성적에 반영하는 경우는 많지 않습니다. 이상에서와 같이 논술형 평가가 완료되면 교사는 평가 결과를 바탕으로 '학교생활기록부의 세부능력 및 특기사항'에 학생들의 구체적인 활동 내용이나 특이점에 관해 구체적으로 기록할 수 있습니다. 평가 영역 및 평가 항목별 기록 예시를 살펴보면 아래의 표와 같습니다.

평가 영역	평가 항목	학교생활기록부 기재 예시
사전학습 활동지 평가	충실도 이해 정도	사전학습을 충실히 수행하여 사전학습 영상에 대한 이해도가 뛰어나고, 사전학습 활동지의 빈칸을 오류 없이 잘 기록하였으며, 사전학습 영상 내용을 추가로 잘 정리하여 기록함.
논술 학생 활동지 평가	이해력 분석력 논리력 표현력	각 논제에 대한 요구사항 및 요구 조건을 정확히 파악하고 제시문의 핵심어 및 핵심 내용을 찾아 잘 요약함. 과학적 근거를 바탕으로 당뇨병의 예방 방법에 대한 논증을 바르게 만들고 개요를 잘 작성하였으며 최종 글쓰기 후 부족한 부분을 찾아 적절히 수정함.
논술 산출물 평가	이해력 분석력 논리력 표현력	논제와 제시문을 잘 분석하여 제1형 당뇨병과 제2형 당뇨병의 원인과 치료 방법을 바르게 제시하였으며(이해·분석력), 당뇨병의 예방법과 합병증을 줄일 수 있는 방법을 식습관 및 운동과 관련지어 바르게 제시하였고 그 근거가 구체적이고 과학적으로 타당함(논리력). 논술문의 표현에서 과학 용어의 사용이 바르고, 문장이 정확하고 논리적이며 어법이 적절함(표현력).

3) 1등급을 위한 논술형 평가 팁

최근 대학 입시에서 논술 전형의 비중이 점차 줄어들고 있지만 서울 소재의 일부 대학에서는 여전히 중요한 전형 방법 중 하나입니다. 이런 대학 입시의 논술 전형을 생각하지 않더라도 글쓰기나 발표 등 의사소통의 측면에서 볼 때 상위권 학생들에게 논술의 중요성은 결코 가볍지 않다고 할 수 있습니다. 일반적으로 과학 논술은 그 유형에 따라 아래의 표와 같이 교과 지식형, 응답제한 서술형, 에세이형으로 구분할 수 있습니다. 학교 현장에서의 과학 논술형 평가로 가장 많이 이용되는 형태는 바로 '응답제한 서술형'입니다. '교과 지식형'은 주로 지필평가의 서술형으로 많이 활용되며, '에세이형'은 과학 논술의 가장 이상적인 형태이긴 하지만, 객관적인 채점 기준 마련과 출제의 어려움 등으로 인해 실제로 많이 활용되고 있지는 않습니다.

과학 논술형 문항의 세 가지 유형

구분	교과 지식형	응답제한 서술형	에세이형
특징	과학 교과의 심화된 교과 지식을 물음.	과학적 사고력을 기반으로 주어진 문제를 해결할 수 있는 능력을 물음.	교과의 벽을 넘어 과학 철학과 같은 큰 문제에 대한 견해를 물음.
정답의 용인성	출제자가 요구하는 정답이 정해져 있음.	학생의 시각에 따라 다양한 정답이 가능함.	정답의 개념이 모호함. 학생의 사고의 깊이에 따라 다양한 답안이 가능함.
우수 답안 기준	문제가 요구하는 교과지식을 정확하게 언급한 답안	자신의 견해를 뒷받침하는 논거가 과학적인 타당성을 가지고 있는 답안	과학적 사고력에 기반 한 창의적이고 논리적인 답안

과학 논술형 문항에 대한 해결 과정은 일반적으로 '문제의 이해→해결 전략→개요 작성→답안 쓰기'의 4단계를 통해 이루어집니다. 각 단계에 대해 구체적으로 살펴보겠습니다.

문제의 이해(논제의 분석, 제시문의 분석, 출제의도 파악)

먼저 '문제의 이해' 단계에서 논제와 제시문을 분석하여 답을 하기 위한 요구사항을 파악하고, 출제 의도를 파악해야 합니다. 문제의 이해 단계는 구체적으로 다음과 같이 3단계로 나누어 볼 수 있습니다.

첫째는 논제를 요구사항과 부분(조건, 설명 등)으로 나누어 보는 것입니다. 하나의 요구사항은 목적어와 서술 부분의 지시어로 구성되는데, 이를 논점(논의해야 할 쟁점)이라고 합니다. 이때 각각의 논점에는 조건이나 설명이 따르게 되는데, 이를 구분하여 표시해야 합니다. 또 지시어의 의미를 잘 이해하고 있어야 하는데, 여기서 지시어는 논제의 명령조 서술어로, 보통 '~을 ~하시오'의 서술 부분을 말합니다. 요구사항은 서술어와 목적어를 중심으로 표시하고 그 개수를 확인해야 하는데, 이때 서술어는 어떻게 답안을 써야하는지를 보여주며, 목적어는 답안에서 구체적으로 써야 할 내용을 보여줍니다. 이때 목적어는 구체적 내용을 다 포함하도록 묶어 표시해 주는 것이 좋습니다. 일반적으로 교사들은 채점이 용이하도록 답안의 방향이 정해지게 출제하는데, 이때 '조건'을 이용합니다. 그래서 논제에는 논점 이외에 조건들이 있는데, 이는 답안에 방향을 제한하고 개방형인 답안을 제한형으로 만들어 줍니다. 조건은 여러 개인 경우가 많으므로 따로 구분하여 표시해 주는 것이 좋습니다.

둘째는 제시문에서 논제에 필요한 내용을 발췌하거나 근거가 되는 내용을 찾아내는 것입니다. 논제는 함축적 의미를 갖는 단어를 많이 사용하는데, 이는 해석에 난해함을 일으킵니다. 이를 보완하기 위해 주어진 제시문의 내용이 논제 해결의 중요한 실마리 역할을 하게 됩니다. 제시문은 논제의 의도를 나타내며, 또한 논제 해결을 위한 근거 자료나 지식 자료를 제공해 줍니다. 제시문을 읽을 때는 우선 어떤 내용이 있는지 파악해야 합니다. 제시문을 문단별로 나누어 읽고, 내용을 대표하는 핵심어를 표시해 둡니다. 또 제시문의 내용 중 답안에 활용하거나 인용하는 부분은 자신의 언어로 요약하는 것이 좋습니다. 자연계의 경우 핵심어를 중심으로 원문을 그대로 축약하기보다 핵심어를 중심으로 자신이 이해하는 언어로 재구성하여 표현하는 훈련이 도움이 됩니다.

셋째는 출제의도를 파악하는 것입니다. 논제와 제시문의 분석을 통해 문장으로 완성된 요구사항 이외에 숨겨진 의미나 분석이 있는지 살펴보아야 합니다. 논제를 분석하다 보면 의미가 분명하지 않은 문장이나 단어가 들어가는 경우가 있습니다. 예를 들면, '과학적으로'라는 요구사항은 과학적 방법을 요구하는 것인지, 아니면 탐구 방법의 구체적 방법론을 요구하는지, 아니면 단순히 객관적으로 증명 가능함을 나타내는지 분명하지 않고, 심지어 학생의 과학적 지식을 사용하라는 요구가 될 수도 있습니다. 따라서 논제에서 모호하거나 광범위한 의미로 사용되는 문장이나 단어는 나름대로 주어진 제시문이나 논제의 전후 문맥을 통하여 분석해봐야 합니다. 아울러 주어진 수식이나 그래프는 반드시 그 의미를 해석하고 활용해야 합니다. 주어진 수식과 그림, 그래프는 묻고자하는 의도를 간접적으로 제시해주는 좋은 자료이기 때문입니다. 경우에 따라 채점이 용이하게 하기 위해 세분화된 소논제가 포함되기도 하는데, 이런 경우 논제의 연관성(연결성)을 살펴보고 출제의도를 파악해야 합니다.

해결 전략(근거 확보와 추론의 과정)

논술에서는 무엇보다 '논리적 서술'이 중요합니다. 논리적 서술은 근거를 통해 주장의 정당성을 확보하는 과정입니다. 따라서 자신의 답안을 객관적으로 증명하기 위한 근거의 확보가 매우 중요합니다. 해결 전략의 단계는 일반적으로 ①논점 정리, ②출제 의도 파악, ③필요한 자료와 근거 확보, ④자신의 주장 만들기, ⑤근거와 설명을 붙여 글의 구성 만들기 등으로 이루어집니다. 논제의 분석은 하였는데 어떻게 답을 써야 할지 모를 때에는 최대한 자신이 옳다고 생각하는 주장을 만들어 보는 것이 도움이 됩니다. 그 다음 왜 그렇게 생각했는지 근거를 만들되 그 근거는 제시문이나 자신의 배경지식에서 확보하고, 아울러 적절한 추론 과정을 통해 근거와 주장을 연결하는 과정(설명)이 필요합니다. 설명뿐만 아니라 예시, 원리의 적용 등과 같은 다양한 표현을 붙여도 좋습니다.

답안의 개요 작성

논점을 파악하고 이에 대한 자신의 주장과 근거를 만들었다면, 어떻게 표현하여 이해시킬 것인지의 전략이 필요한데, 이를 설계하고 글로 정리하는 과정이 바로 '개요 작성'입니다. 개요 작성 단계에서는 평가 요소를 고려하여 답안을 최적화해야 합니다. 답안의 개요는 답안의 구성을 한 눈에 알아볼 수 있게 하며 일관성 있게 답안을 쓰도록 도와줍니다. 생각을 글로 옮기는 과정에서 생각의 속도와 글을 쓰는 속도가 달라 글이 일관성 있게 쓰이기 어려운데, 이러한 문제를 방지하고 글의 완성도를 높이는 절차가 바로 개요 작성입니다. 자연계 논술에서는 서론, 본론, 결론의 구성을 요구하지는 않지만 개요 작성 시 다음과 같은 요소를 고려하는 것이 좋습니다. 개요 작성 시에는 논점의 내용(요구사항)이 모두 반영되어야 합니다. 이때 문단의 수는 적어도 논제의 요구사항과 같거나 많아야 합니다. 그래서 답안을 축약하듯이 표현하지 않고 개조식으로 간단히 정리하는 것이 좋습니다. 만약 답안의 퇴고 과정 중 글의 방향이나 논지가 변하면 개요 작성 부분에서 수정하고 답안을 다시 쓰는 연습을 하는 것이 좋습니다.

답안 쓰기 및 퇴고

'답안 쓰기 및 퇴고'는 개요에 따라 답안을 쓰고 최종적으로 답안을 수정하는 과정을 말합니다. 답안을 기술할 때 고려해야 할 사항을 정리하면 다음과 같습니다.

- 개요와 답안의 구성이 일치되도록 씁니다.
- 어휘는 가급적 논제나 제시문의 내용을 그대로 사용하고 교육과정의 전문 용어(과학 용어)를 사용할 때는 정확히 사용해야 합니다. 기본적인 수식이라도 제시문과 논제에서 언급되지 않았다면 정의를 하고 사용하는 것이 좋습니다.
- 설명하는 글은 이해하기 쉬운 용어를 사용하되 구어체나 친구들끼리 사용하는 비속어는 사용하지 말아야 합니다. 평소 정확한 언어를 사용하도록 연습하고 표준어를 정확히 알아둘 필요가 있습니다.
- 문장은 가급적 짧고 명료하게 사용하며 중문이나 복문을 많이 사용하는 것은 바람직하지 않습니다.
- 이중부정이나 중복은 피하는 것이 좋습니다. 글이 길어지거나 같은 내용을 말만 바꾸어 중복하는 것은 좋게 보이지 않지만, 짧고 간결하게 표현한다고 근거를 생략하고 주장만 만드는 실수는 하지 말아야 합니다. 꼭 필요한 문장이라고 생각될 경우에는 제시문에 나온 표현을 활용해도 좋습니다.

·수식의 전개과정은 기본 전제와 결론을 분명히 하여 나타내되, 중간 과정에서 간단한 수식전개는 생략하고 주 요점만을 강조하여 표현하면 좋습니다. 이때 교과서나 논문의 형식을 활용하는 것도 한 방법입니다.

·글을 다 쓰고 반드시 정독하여 틀린 부분이나 어색한 부분을 수정하는 퇴고 과정을 거쳐야 합니다.

이러한 사항들은 평소에 연습이 필요합니다. 평소에 교사에게 답안의 첨삭을 받고 답안을 재수정하여 다시 써보는 연습을 하는 것이 좋습니다. 평소 연습 때 완성한 좋은 답안은 따로 보관하고 다시 보며 복습하는 것도 효과적입니다. 대학 입시의 논술 전형을 준비하지 않더라도 논술을 통해 키울 수 있는 이해 · 분석력과 표현력 등은 면접이나 서술형 준비 등 많은 부분에서 필요한 역량입니다. 따라서 크게 부담가지 않게 1주일에 1개 정도의 논제를 연습해 보기를 권합니다.

5
수업 유형별 가이드 팁: 토의형
(다양한 의견을 모아 공동의 해결책을 찾는 과정 평가)

1) 토의가 중요한 이유

과거 산업주의 사회에서 지식을 얼마나 소유하느냐가 경쟁력이었지만, 오늘날과 같이 지식의 증가 속도가 너무나 빠를 때에는 개인이 지식을 소유한다는 것 자체가 큰 의미가 없습니다. 따라서 앞으로의 사회에서는 자신이 필요로 하는 지식이 어디에 있으며, 어떻게 접근할 것인지를 아는 것이 매우 중요합니다.

한국교육과정평가원의 '미래 사회 대비 핵심 역량 함양을 위한 국가 교육과정 구상안 (2012)'에 따르면, 미래 사회의 변화 트렌드는 인구 구조의 변화, 과학 · 정보통신 기술 발전, 경제 환경 변화, 환경 · 자원 문제, 지구촌 다원 사회화로 요약할 수 있는데, 그에 따른 교육에 대한 요구로 인성 교육, 개별화 교육, 직업역량 교육, 시민 교육 등을 제시하고 있습니다. 이러한 미래 사회 대비 교육을 통해 다양한 변화에 대응하고 생존할 수 있는 '역량'을 길러야 할 필요가 학생들에게 생겼고, 이런 역량은 인문 · 자연 할 것 없이 모든 학생들에게 공통적으로 요구되는 것입니다.

한국교육과정평가원에서 제시한 핵심 역량의 3가지 대범주와 구성 요소를 보면 '인성 교육'에 대한 요구와 '의사소통 능력'의 배양이 강조되고 있음을 알 수 있는데, 이 중 의사소통 능력을 키우기 위한 방법의 하나로 요즘 크게 주목받고 있는 것이 바로 '토의·토론'입니다. 토론 전문가들이 말하는 토의·토론 수업의 효용성을 살펴보면 그 이유를 잘 알 수 있는데, 토론 전문가들은 토의·토론 수업을 통해 적극적인 경청 습관, 정보수집 능력, 논리적 사고, 문제해결력, 의사소통 능력, 객관적 분석 능력, 공동체 의식, 리더십, 언어 표현 능력, 지식 통합 능력 등을 향상시킬 수 있다고 공통적으로 말합니다. 이처럼 그 효용성을 생각해 보면 토의·토론 수업은 인문·자연 할 것 없이 모든 학생들에 반드시 필요한 수업이라 할 수 있으며, 학교현장에서도 더 많이 적용될 것으로 예상할 수 있습니다.

기본적으로 '토의'와 '토론'은 서로 다른 개념입니다. '토의'가 다양한 의견들이 모여 공동의 해결책을 찾는 형식이라면, '토론'은 서로 대립되는 두 의견이 논박을 통해 승리와 패배로 나뉘는 형식이라고 할 수 있습니다. 다시 말해 토의가 주로 대안을 구상하기 위함이라면, 토론은 정확한 판단을 내리기 위함입니다. 그래서 법정 재판은 정확한 판결을 내리기 위해서 토론으로 이루어집니다. 토의와 토론의 차이점은 아래와 정리할 수 있습니다.

토의와 토론의 차이점

구분	토의	토론
주제의 성격	합의가 필요한 주제	선택이 필요한 주제
목적	최선의 결과 도출	대안의 우열을 가림
참석자	주장이 같아도 됨	주장이 달라야 함
상호작용	정보나 의견 교환	논증과 실증
규칙	규칙이 없거나 느슨함	엄격한 토론 규칙
말하기와 듣기	특별한 제한 없음	공평성을 위해 제한
필요한 능력	창의성	논리성

(정문성, 2013)

실제 교실 수업에서는 토의의 방식을 활용한 수업도 일반적으로 '토론 수업'이라고 통칭하여 사용하기 때문에 학교 수업 상황에서 토의와 토론을 구분 짓는 것은 큰 의미가 없어 보이지만, 본 책에서는 그 본래의 의미를 강조하여 '토의'와 '토론'을 구분하여 살펴보고자 합니다. 먼저 이 장에서는 '토의'에 관하여 살펴보고, 다음 장에서 '토론'에 관하여는 자세히 살펴보겠습니다.

2) 토의 수업과 평가 과정

2015 개정 교육과정의 '통합 과학' 교과서를 살펴보면 자료 해석, 조사, 관찰, 추론, 예측, 토의, 토론, 실험, 과제연구, 프로젝트 등의 다양한 활동들을 제시하여 학생 중심 수업이 이루어지도록 구성하고 있습니다. 이 중에서 '토의해 보자.', '토의하여 발표해 보자.', '토의하고 기록해 보자.' 등 토의에 관한 활동들이 많이 제시되어 있습니다. 그렇다면 토의의 종류에는 어떤 것이 있을까요? 실제 토론이라는 이름을 가지고 있지만 성격상 토의에 더 가까운 경우도 있으므로 여기서는 토의와 토론의 명칭을 구별하지 않고 학교 교실 수업에서 쓰일 수 있는 대표적인 토의 방법 몇 가지를 간단히 소개하고자 합니다.

브레인스토밍(brainstorming)

이 방법은 자유롭고 편안하며 우호적인 분위기에서 가능한 많은 아이디어를 생성시키기 위한 목적으로 활용하며, 문제의 원인, 해결책, 논의할 주제 등을 찾을 때나 새로운 계획을 세울 때에 주로 유용하게 사용할 수 있습니다. 이 방법은 때로 아이디어를 포스트잇에 작성하여 부착하는 침묵의 브레인스토밍인 '브레인 라이팅(brain writing)'으로 쓰이기도 합니다. 브레인스토밍의 네 가지 원칙으로는 비판 금지, 자유분방하게, 질보다는 양 우선, 결합·개선이 있습니다.

짝 토의(peer discussion)

짝의 기본은 두 명인데, 두 사람이 편안히 대화하듯이 토의를 진행합니다. 주어진 시간 동안 한 사람은 발표하고, 나머지 한 사람은 경청·기록하며, 토의 내용과 결과는 짝이 대신 발표하는 형식을 주로 취합니다. 짝이 대신 발표하는 것을 들으면서 피드백을 경험하고 고급 사고로 발전할 수도 있습니다.

하브루타

하브루타는 유대인들의 탈무드 학습에서 짝을 뜻하는 '하베르'에서 유래하였습니다. 짝 토의와 같이 두 명이 기본이 되지만, 하브루타 토론의 핵심은 '질문'에 있습니다. 하브루타에서는 주어진 자료나 논제에 대한 두 사람의 연속되는 질문으로 이어집니다. 질문 과정은 일문 일답으로 이어지며, 질문자도 자기 생각을 적으면서 질문을 하는데, 이는 정답 없이 자유롭게 생각을 나누면서 생각의 깊이를 더해가는 방법입니다. 하브루타 수업 방법 중 '논쟁중심 하브루타'는 찬반의 쟁점이 분명하여 토론의 성격이 더 강하다고 할 수 있습니다.

가치수직선 토론

이 방법은 학생들이 자신의 가치판단을 경험하고 그것을 실천에 옮기는 훈련을 함으로써 자기 확신과 자존감을 높이려는 목적으로 활용됩니다. 자신의 가치에 대한 이유를 설명하게 함으로써 사고력과 발표력을 기를 수 있고, 다른 사람들의 가치를 이해하고 수용하는 동시에 자신의 가치관 재형성에도 영향을 미칩니다.

모둠 인터뷰

이 방법은 협동학습의 하나로 발전했는데, 모둠 구성원 중의 한 사람에게 특정 인물(학자, 역사적 인물 등)의 역할을 맡기고 나머지 모둠 구성원이 인터뷰를 하는 방식으로 진행합니다. 학생들은 이 토론을 통해 감정이입을 경험하게 되고, 자신이 궁금했던 것을 자연스럽게 질문함으로써 학습의 호기심과 탐구심을 자극받게 됩니다.

모둠 토론

모둠 토론은 대부분의 학급활동에서 널리 활용되는 방법으로, 무엇보다 모둠의 편성이 아주 중요합니다. 일반적으로 모둠은 학생들의 희망을 어느 정도 반영하고, 이질적인 구성원들이 소집단(모둠)을 이룰 때 집단 간에 편차(성적 등)를 줄여 공정하게 하며, 학생들의 참여 동기를 부여할 수 있도록 구성해야 합니다. 이렇게 구성된 모둠은 원탁 토론, 짝 토론, 피라미드 토론, 모서리 토론 등과 같은 다른 종류의 토론에 활용될 수 있습니다.

피라미드 토론

이 방법은 먼저 두 사람이 의견을 모으고, 또 다른 두 사람과 함께 모두 네 명이 의견을 모으고, 다시 여덟 명이 의견을 모으는 등 마치 피라미드처럼 의견을 모아나간다고 해서 이름 붙여졌습니다. 이 방법은 집단의 의견을 모을 때 아주 유용한데, 단순히 다수결로 결정한 의견이 아니라 구성원 전체가 여러 차례 토의·토론을 거쳐 합의한 의견이므로 신뢰할 수 있고 무게 있는 의사결정을 할 수 있습니다.

CPS 토의(창의적 문제해결 토의)

CPS(Creative Problem Solving Process)는 토의를 통한 6단계의 창의적 문제해결 과정입니다. 이 방법은 목표 발견, 사실 발견, 문제 발견, 아이디어 발견, 해결책 발견, 수용안 발견의 6단계 과정으로 진행됩니다. 가장 특징적인 단계는 반복적인 '확산적 사고'와 '수렴적 사고'를 통해 아이디어를 모으는 단계라 할 수 있습니다.

심포지엄

이 방법은 '강단식 토의법'이라도 하는데, 학회 등에서 많이 쓰이고, 구성원은 사회자, 강사, 청중으로 이루어집니다. 하나의 주제에 관해 여러 가지 각도에서 2~4명 정도의 강사가 의견이나 문제제기를 하고 이것을 받아서 참가자 전체가 토론을 합니다. 이 방법은 포럼과 달리 강사 사이에 반드시 대립된 의견제시가 요구되지는 않지만, 각 강사의 발언 내용이 중복되지 않도록 사전 조정이 필요합니다.

포럼

포럼은 로마시대의 도시 광장을 일컫던 포럼(forum)에서 유래하였습니다. 로마시대의 포럼이 시민들이 모여서 자유롭게 연설하고 토론하는 장소였듯이, 오늘날의 포럼도 자유 토론에 가까운 성격을 띕니다. 토론자들의 발언과 함께 질문이 이어진다는 점에서 심포지엄과 형식이 비슷하지만, 토론자 사이나 청중과 토론자 사이에 활발한 의견 개진과 충돌·합의가 이루어진다는 점에서 심포지엄과는 성격이 다르다고 할 수 있습니다.

그럼 실제 학교 현장에서 토의형 수업은 어떻게 이루어질까요? 본 단락에서는 하브루타를 적용한 수업과 그 과정에서 이루어지는 평가에 대해 구체적으로 살펴보고자 합니다.

하브루타는 보통 2명이 짝을 지어 프렌드십(friendship)과 파트너십(partnership)으로 공부하는 것을 말합니다. 즉, 학생들이 짝을 지어 얼굴과 얼굴을 맞대고 앉아 서로 가르치고 배우는 논쟁 수업 방식을 말합니다. 한마디로 친구를 통해 배우는 것입니다. 경우에 따라 여러 명이 하브루타를 하는 경우도 있으나, 보통의 경우에는 두 명이고 거의 4명을 넘지 않습니다. 왜 두 명일까요? 둘씩 짝을 짓는 경우가 말을 할 수 있는 기회가 가장 많기 때문입니다.

하브루타를 통한 공부는 우리의 지평을 넓히고 서로 간의 차이를 드러내게 합니다. 우리는 매일 일상 속에서 하브루타의 기능을 활용할 수 있는 기회가 많이 있습니다. 하브루타의 대상은 어디든지 있습니다. 신문에도 있고, 다른 사람과의 대화 속에도 있으며, 나이든 부모와 학생 사이의 문제 속에도 있습니다. 이러한 하브루타는 현상을 보는 옳은 관점이 수없이 많이 존재한다는 기본 개념에 기초하고 있습니다.

하브루타는 원래 토론을 함께 하는 짝(파트너)을 일컫는 말이었지만 점차 짝을 지어 질문하고 토론하는 교육 방법을 일컫는 말로 확대되었습니다. 즉, 하브루타는 토론하는 상대방을 일컫는 말인 동시에 짝을 지어 토론하는 행위를 일컫는 말이기도 합니다. 오늘날에는 후자의 개념으로 주로 사용됩니다. 하브루타는 짝을 지어 질문하고 대화하며, 토론하고 논쟁하는 것인데 이것을 단순화 하면 '함께 이야기를 나누는 것'입니다. 아이를 임신했을 때 태아에게 책을 읽어주고 이야기를 들려주는 것도 하브루타이고, 가정에서 식사를 하면서 아버지와 자녀가 질문하고 답변하는 것도 하브루타입니다. 또 자녀가 잠들기 전에 부모가 동화를 들려주면서 대화를 나누는 것도 하브루타이고, 아이가 암기와 이해를 잘하기 위해 돌아다니면서 스스로 묻고 답하면서 중얼거리는 것도 하브루타입니다. 나아가 학교에서 교사가 학생들에게 질문하면서 수업하는 것도 하브루타이고, 학생들끼리 짝을 지어 서로 가르치면서 토론하는 것도 하브루타입니다. 이처럼 이야기를 진지하게 주고받으면 질문과 대답이 되고 대화가 됩니다. 또 거기서 더 전문화되면 토론이 되고, 더욱 깊어지면 논쟁이 됩니다. 이 모든 것이 다 하브루타입니다.

하브루타 수업 방법으로는 질문중심 하브루타, 논쟁중심 하브루타, 비교중심 하브루타, 친구 가르치기 하브루타, 문제 만들기 하브루타 등이 있는데, 학교 수업에서는 교과 내용의 주제와 성격에 따라 이러한 5가지 방법 중 어느 하나를 선택하여 진행하는 것이 보통입니다.

다음에 제시된 예시는 학생 참여형 수업형태의 하나인 거꾸로 학습(flipped learning)을 바탕으로 이루어지는 '친구 가르치기 하브루타' 수업의 예이며, '과정중심평가 방법'을 적용하여 수업시간 중에 이루어지는 여러 가지 활동 과정과 결과를 동시에 평가합니다.

일반적인 '친구 가르치기 하브루타' 수업은 '주제 나누기→질문 만들기 및 답 정리하기→친구 가르치기 및 배우면서 질문하기[짝 토의1]→입장 바꿔 가르치기 및 질문하기[짝 토의2]→내용 정리 · 질문하기→쉬우르[전체 토론]'의 단계로 이루어집니다. '주제 나누기' 단계에서는 학습 주제를 구분하고 자신이 맡을 주제를 결정하고, '질문 만들기 및 답 정리하기' 단계에서는 각자 질문을 만들고 질문에 대한 의미 있는 답(가르칠 내용)을 정리합니다. '짝 토의1'에서는 한 친구가 먼저 자신이 만든 질문에 대해 가르치고, 배우는 친구는 설명을 들으면서 모르는 부분에 대해 치열하게 질문합니다. 이때 질문에 대한 답을 찾기 위해 교과서와 스마트 기기를 이용한 자료조사가 이루어지기도 합니다. '짝 토의2'에서는 가르치고 배우는 입장을 바꿔 짝 토의를 진행합니다. '내용 정리 · 질문하기' 단계에서는 짝 토의 과정의 질문과 서로 이해하지 못한 내용이나 질문을 화이트 보드지에 기록하여 칠판에 붙입니다. '쉬우르' 단계에서는 교사가 학생들이 칠판에 붙인 질문 내용을 비교하여 새로운 질문이 있을 경우 전체를 대상으로 질문하고 발표할 기회를 제공하며, 학생들의 질문, 조사 및 발표 내용을 토대로 전체를 대상으로 간단히 정리해 줍니다.

한눈에 보는 하브루타 수업 개관 예시

교과	고등학교 생명과학 I	단원	2009개정	3.3.1 질병과 병원체
			2015개정	3.2.1 질병과 병원체

주제	질병을 일으키는 병원체
학습 활동	•질병과 병원체에 대한 사전학습 후 이루어지는 '친구 가르치기 하브루타'활동
주요 평가 방법	•활동지 평가(과정 평가, 교사평가) •관찰 평가(과정 평가, 교사평가) •사전학습 누가기록 평가(자기평가)
학습 목표	사람에게 질병을 일으키는 병원체의 특성을 설명할 수 있다.

학생참여형 수업 형태	플립드 러닝을 적용한 '친구 가르치기 하브루타'수업	차시	1차시
준비물	교과서, 필기구, 스마트 기기 등	사전학습 영상	세균(12분 22초) 바이러스(7분 5초)

2015개정 핵심 역량	□자기관리 역량	☒지식정보처리 역량	☒창의적 사고 역량
	□심미적 감성 역량	☒의사소통 역량	□공동체 역량

성취 기준	2009 개정	•[생1331-1]사람에게 질병을 일으키는 병원체의 특성을 설명할 수 있다.
	2015 개정	•[12생과 I 03-06]다양한 질병의 원인과 우리 몸의 특이적 방어 작용과 비특이적 방어 작용을 이해하고, 관련 질환에 대한 예방과 치료 사례를 조사하여 발표할 수 있다.

성취 수준	상	질병을 일으키는 병원체의 특징을 전염성 여부, 감염이나 예방과 관련하여 설명할 수 있다.
	중	독감, 결핵 등의 질병을 유발하는 병원체(바이러스, 세균 등)의 특징을 제시할 수 있다.
	하	병원체에 의해 다양한 감염성 질병이 일어날 수 있음을 말할 수 있다.

① 한눈에 보는 하브루타 수업 과정과 평가

개념 정리 및 보충 [도입]	과정 평가
·동영상 시청: 질병과 병원체-병원체 정리(3분 13초) · 한 문장 주제 만들기: 수업 주제가 무엇인지 한 문장으로 쓰기[활동지 1번]	·활동지 평가[활동1]

⇩

수업 안내
·모둠 편성: 4인 1조, 이질 집단으로 구성 ·활동 순서 안내: 주제 나누기→사전학습 정리(질문 만들기 · 학습자료 정리)→친구 가르치기 하브루타

⇩

교수 학습 활동 [수업 전개, 평가 및 발표]	과정 평가
·주제 나누기: 학습 주제를 구분하고, 자신이 맡을 주제를 결정함. · 질문 만들기 및 답(가르칠 내용) 정리하기: 각자 질문을 만들고 가르칠 내용을 정리함. [활동지 2번] ·[짝 토의1]친구 가르치기 및 배우면서 질문하기[활동지 3번] ·[짝 토의2]입장 바꿔 가르치기 및 배우면서 질문하기 ·서로 이해하지 못한 내용 정리 · 질문하기[활동지 4번] ·쉬우르[전체 토론]	·활동지 평가 [활동 2, 3, 4] ·학습 활동 관찰 평가

⇩

수업 정리 [정리]	과정 평가
·친구 가르치기 하브루타 후 자기평가 실시 ·하브루타 후 생각 나누기 및 다음 차시 내용 안내 · 확인	·자기 · 동료 평가 (사전학습 및 태도)

② 하브루타 평가 방법

하브루타 평가는 평가 주체에 따라 크게 교사 평가, 자기평가로 나눌 수 있고, 평가 요소에 따라 활동지 평가, 관찰평가로 나눌 수 있습니다. 최근 과정중심평가가 강조됨에 따라 하브루타 평가에서도 학생 활동지 평가와 더불어 교사의 관찰을 통한 토의 · 토론 과정 전체를 평가하며, 객관적인 평가를 위해 평가 척도(준거: 채점 기준)에 근거하여 채점하는 것이 보통입니다.

학교 현장에서 주로 활용되는 평가 방법은 학생 활동지 평가(교사 평가·과정 평가), 학습 활동 관찰 평가(교사 평가·과정 평가), 사전학습 누가 기록 평가(자기평가) 등입니다. 이러한 여러 가지 평가 방법 중에서 수행평가 성적에 주로 반영되는 것은 '학생 활동지 평가'나 '학습 활동 관찰 평가'와 같이 공정성이 담보된 교사에 의해 이루어지는 평가(교사 평가)의 결과입니다. 보통의 경우 자기평가는 공정성을 확보하기 어려운 경우가 있으므로 수행평가 성적으로 반영하기보다는 주로 학습의 동기를 부여하거나 자신의 학습에 대한 성찰 기회를 제공하기 위해 이루어집니다.

최근 '교사 평가'에서는 칭찬이나 개선점뿐 아니라 얼마나 발전하였는지에 대한 성장 참조적 피드백을 함께 제공하기도 하고, 학생들에게 미리 구체적인 평가 척도(준거)를 알려주어 평가에 적절히 대비도록 하는 게 일반적입니다. 친구 가르치기 하브루타의 경우 주로 '질문 만들기 및 의미 있는 답안 정리', '하브루타 토론 과정', '태도' 등의 영역이 고르게 평가되도록 하고 있으며, 평가 결과 성취 수준을 상·중·하로 구분하여 학생들에게 적절한 피드백을 제공합니다.

거꾸로 학습(flipped learning)을 위한 '사전학습 활동지 평가'는 주로 교사에 의해 이루어지는 과정 평가로, 작성한 사전학습 활동지 내용의 충실도나 정확성을 주로 평가하며, 그 결과를 학기말 수행평가 성적에 반영하기도 합니다.

'하브루타 학생 활동지 평가' 역시 주로 교사에 의해 이루어지는 과정 평가로, 학생 활동지를 이용하여 친구 가르치기 하브루타 과정에서 이루어지는 학생들의 다양한 활동들을 평가하며, 그 결과를 학기말 수행평가 성적에도 반영합니다. 평가 항목으로 토론 질문이 주제에 부합하고 구체적인지, 질문에 대한 의미 있는 답을 잘 정리하였는지, 상대방의 설명과 질문을 잘 정리하여 기록하였는지, 배우면서 궁금한 부분(추가 질문)이 주제에 부합하는지, 짝 토의에서 서로 이해하지 못한 내용에 대한 질문이 주제에 잘 부합하는지, 다른 친구들의 설명과 선생님의 설명을 잘 기록하고 정리하였는지 등을 주로 평가합니다.

친구 가르치기 하브루타 학생 활동지 주요 내용 예시

학생 활동	내용
한 문장 주제 만들기 [활동지 1번]	오늘 배우는 내용에 관해 교과서를 읽어보고 수업 주제가 무엇인지 한 문장으로 쓰시오.
주제 나누기	학습 주제를 구분하고, 자신이 맡을 주제를 정하여 기록하시오.
질문 만들기 및 답 정리하기 [활동지 2번]	·각자의 주제(알고 싶은 것)에 대한 질문을 만들어 보자. ·질문에 대한 가르칠 내용을 정리해 보자.
짝 토의 1 · 2 [활동지 3번]	·친구 가르치기: [활동지 2번]을 바탕으로 짝에게 질문하고 치열하게 설명하시오. ·배우면서 질문하기: 짝이 제시한 질문과 설명 내용을 기록하시오. 또 배우면서 궁금한 부분을 파란색으로 쓰고 치열하게 질문하시오. ·교과서와 인터넷을 활용하여 추가로 수집한 자료를 파란색 펜으로 정리하여 쓰시오. *[활동지 3번]에는 각자 배우는 내용, 추가 질문, 수집·정리한 자료 등을 기록합니다.
내용 정리 · 질문하기 [활동지 4번]	·'짝 토의1 · 2'의 질문을 화이트 보드지에 쓰시오. ·짝 토의에서 서로 이해하지 못한 질문을 화이트 보드지에 쓰시오.
쉬우르[전체 토론]	·질문이 기록된 화이트 보드지를 칠판에 붙이시오. ·칠판에 부착된 화이트 보드지의 질문들을 살펴 보고, 새롭거나 잘 모르는 질문이 있으면 쓰고, 그 답을 짝과 토론하여 써 보시오. ·다른 친구들의 설명과 선생님의 설명을 정리하여 기록하시오.

'학습 활동 관찰 평가'는 주로 교사에 의해 이루어지는 과정 평가로, 교사에 의한 관찰 평가가 이루어짐과 그 평가 척도를 미리 안내하여 학생들이 준비할 수 있도록 하는 게 일반적입니다. 관찰 평가에서는 일반적으로 학생들이 친구 가르치기 하브루타 과정에서 질문하고 설명하는 태도, 설명을 듣고 질문하는 태도, 내용의 이해 정도 등을 5점 척도로 평가합니다. '질문하고 설명하기'에 대한 평가에서는 설명의 적극성과 내용에 대한 이해 정도가 중요한 평가 기준이며, '설명 듣고 질문하기'에 대한 평가에서는 경청하는 태도와 질문의 적극성이 중요한 평가 기준입니다. 또 전체 쉬우르 과정에서 교사의 질문에 대해 적극적으로 발표하였는가도 중요한 평가 기준이 됩니다.

자기평가로는 학생이 스스로 기록한 '사전학습 누가 기록표'가 있는데, 그 결과에 대한 공정성 확보가 어려운 경우가 많아 실제 수행평가 성적에 잘 반영하지는 않습니다. 사전학습 누가 기록표에는 사전학습 영상을 충실히 시청하였는지, 사전학습 활동지를 충실히 작성하였는지, 사전학습내용을 잘 이해하고 있는지, 사전학습의 중요성을 잘 인식하고 있는지 등을 5점 척도로 기록하고, 사전학습 누가 기록표를 살펴보고 본인의 소감을 적어 보도록 되어 있습니다. 이상에서와 같이 하브루타 평가가 완료되면 교사는 평가 결과를 바탕으로 '학교생활기록부의 세부능력 및 특기사항'에 학생들의 구체적인 활동 내용이나 특이점에 관해 구체적으로 기록할 수 있습니다. 평가 영역 및 평가 항목별 기록 예시를 살펴보면 아래의 표와 같습니다.

하브루타 평가의 학교생활기록부 세부능력 및 특기사항 기록 예시

평가 영역	평가 항목	학교생활기록부 기재 예시
사전학습 활동지 평가	충실도 이해정도	사전학습을 충실히 수행하여 내용에 대한 이해 정도가 뛰어나고, 사전학습 활동지의 빈칸을 오류 없이 잘 기록하였으며, 사전학습 영상 내용을 추가하여 구체적으로 정리·기록함. 특히 사전학습의 중요성을 잘 인식하고 있어 평소 사전학습에 아주 성실히 임함.
하브루타 수업 활동지 평가	충실도 논리성 이해정도	하브루타 학생 활동지를 빠짐없이 구체적으로 잘 정리하여 기록함. 특히 토론 질문을 주제(질병과 병원체)에 부합하도록 구체적으로 잘 만들고, 질문에 대한 의미 있는 답을 잘 정리하는 등 학습내용에 대한 이해 정도가 뛰어남. 상대방의 질문과 설명을 구체적으로 잘 정리·기록하였으며, 추가 질문 역시 논리적이고 주제에 부합함.
토의 활동 관찰 평가	적극성 경청 발표 이해정도	하브루타 수업의 '질문하고 설명하기' 활동에서 주제에 부합하는 질문을 잘 만들었고, 내용에 대한 이해력이 뛰어나며 적극적으로 친구 가르치기 활동에 임함. '설명 듣고 질문하기' 활동에서 상대방의 질문과 설명을 잘 경청하고 정리하였으며, 궁금한 내용을 적극적으로 질문함. 전체 쉬우르 과정에서 바이러스성 질환인 감기에 걸렸을 때 병원에서 세균성 질환 치료제인 항생제를 처방하는 이유에 대해 논리적으로 잘 발표함.

3) 1등급을 위한 토의 평가 팁

토의를 잘 하는 방법이 없을까요? 토의는 기본적으로 말하기를 통해 이루어집니다. 하지만 여기서 말하기는 감정적 말하기가 아니라 논리적 말하기입니다. 따라서 토의 과정에서 무엇보다 중요한 것은 바로 논리성일 것입니다. 최훈 교수는 논리적 생각을 가진 사람과 비논리적 생각을 가진 사람을 아래의 표와 같이 구분했습니다. 학생들은 평소 자신을 돌아보고 스스로 논리적인 사람이 되려는 마음가짐을 가지고 노력해야 합니다.

논리적 생각을 가진 사람과 비논리적 생각을 가진 사람

구분	특징
논리적 생각을 가진 사람	·개인적인 감정을 억제하고, 많은 사람들이 동의할 합리적인 이유를 찾으려고 노력함. ·자신이 가지고 있는 첫인상과 그동안 가지고 있던 생각이 선입견과 편견이 아닌지 의심해 봄. ·자신의 생각이 틀릴 수 있다는 것을 인정하고, 그것이 그럴듯한 이유로서 가치가 있는지 묻는 것을 게을리 하지 않음. ·다른 사람의 생각이 자신의 생각과 다르다고 해도 주의 깊게 들으며, 그것과 비교해서 자신의 생각이 잘못임이 드러나면 자신의 생각을 바꿈. ·복잡하고 이해하기 힘든 주장도 명확하게 이해하려고 노력하며, 그 주장이 어떤 근거에서 주장될 수 있는지 따져 봄.
비논리적 생각을 가진 사람	·자신의 감정에 따라 충동적으로 생각하고 행동하는 경향이 있음. ·자신의 첫인상과 생각을 의심해보려고 하지 않고 그것에 따라 판단함. ·자신의 생각이 틀릴 수도 있다는 것을 인정하지 않으며, 그것들이 적합한 이유가 될 수 있는지 따져보지 않음. ·다른 사람의 의견에 귀를 기울이지 않고, 다른 사람의 생각과 자신의 생각을 비교·검토하려 하지 않음. ·복잡하고 이해하기 어려운 말을 이해하려고 노력하지 않으며, 남의 말을 쉽게 믿거나 거부함.

(최훈, 2003)

토의를 잘하기 위해서는 먼저 설명을 잘해야 합니다. '설명'이란 사실을 이해하기 쉽게 만드는 것입니다. 설명을 잘 하기 위해서는 '사실'을 정확히 알고 정의하는 것만으로는 부족합니다. 우리가 토의에서 설명해야 하는 것들은 사실과 정의를 전달하는 것만으로는 충분히 이해를 시킬 수 없는 경우가 많습니다. 설명을 하려면 먼저 설명하려는 것에 대해 정확하게 알고 있어야 합니다. 하지만 그것만으로는 부족합니다. 그렇다면 설명을 잘 하는 방법은 무엇일까요? 그것은 바로 설명을 듣는 상대방에게 초점을 맞추는 것입니다. 설명을 잘한다는 것은 내가 얼마나 잘 알고 있느냐가 중요한 것이 아니라, 상대방이 얼마나 잘 이해했는가가 더 중요하기 때문입니다. 청중의 이해도를 파악하고, 청중이 묻는 'what'이 무엇인지를 이해하고, 맥락을 갖추어, 익숙한 것이나 쉬운 것으로 빗대어 표현하는 모든 방법들은 설명을 듣는 상대방을 배려하는 것입니다. 설명을 잘 하기 위한 이러한 방법들에 대해 좀 더 자세히 살펴보겠습니다.

첫째, 청중을 고려하여 청중에 맞춰 설명해야 합니다. 다시 말해 청중에 공감하는 것이 필요합니다. 청중에 공감한다는 것은 청중의 감정에 공감하라는 것이 아니라, 청중의 지식수준이나 알고 싶은 것을 고려하여 이해하기 쉽도록 설명하는 것을 의미합니다. 토의를 할 때에도 상대방의 지식수준이 어느 정도인지 파악하고 그에 맞춰 설명해야 하는 것입니다.

둘째, 상대방의 질문 중 '무엇'이 의미하는 바를 정확히 파악하는 것입니다. 질문에서 '무엇'을 어떻게 파악하느냐에 따라 설명의 내용이 전혀 달라질 수 있으므로 상대방이 묻는 '무엇'에 대해 제대로 추정하지 못한다면 충분한 정보를 제공할 수 없는 것입니다. '그것이 무엇인가'에 대한 상대방의 질문에 대해, 정확히 알려주는 것이 중요하지만 사실을 정확하게 전달하는 것에만 집중해서는 상대방을 제대로 이해시킬 수 없을 수도 있습니다. 상대방의 지식수준에 맞는 쉬운 단어로 구성된 설명이라고 하더라도, 상대방이 묻는 '무엇'에 대해 제대로 추정하지 못한다면 충분한 정보를 제공할 수 없기 때문입니다.

셋째, 맥락을 갖추어 설명해야 합니다. 우리는 보통 모르는 것이나 새로운 것에 대해 들을 때, 이 내용을 왜 들어야 하는지 납득되지 않으면 설명을 제대로 이해하려 노력하지 않습니다. 설명에도 맥락이 필요하다는 뜻입니다. 맥락을 갖춘다는 것은 '왜'와 '어떻게'의 비중으로 설명할 수 있는데, 주제에 대한 청중의 이해도와 관심이 낮을수록 '어떻게' 보다 '왜'에 대해 더 많은 설명이 필요합니다. 사람들은 잘 모르는 것에 대해서는 새로운 정보나 변화가 필요하다고 생각하지 않는 것이 일반적입니다. 따라서 상대방이 주제에 대해 잘 모를수록 원하는 방향으로 이해를 시키거나 설득하기 어렵습니다. 이런 경우 '왜'의 비중을 높여 이 내용을 들어야 하는 이유를 설명하는 것이 필요합니다.

넷째, 새로운 것이나 어려운 것을 설명할 때는 익숙한 것에서부터 시작하는 것입니다. 소크라테스는 7살짜리 어린아이에게도 고차방정식을 가르쳤다고 합니다. 이는 얼마나 잘 설명하느냐에 따라 어떤 상대에게든 새롭고 어려운 것도 충분히 이해시킬 수 있다는 좋은 예입니다. 우리가 실제로 어린 아이들에게 무언가를 설명할 때를 상상하시면 됩니다. 어린아이에게 눈에 보이지 않는 추상적인 개념을 설명하기 위해 현실에서 찾을 수 있고 눈에 보이는 예를 들어 설명해 주면 효과적입니다. 어려운 것을 설명하기 위해 익숙한 것으로 '비유'를 하는 것입니다. 비유 외에도 기존의 것, 익숙한 것과 비교를 하는 것처럼 다른 방법으로도 설명을 할 수 있습니다. 이때 제시하는 '익숙한 것' 역시 상대방의 입장에서 익숙한 것이어야 합니다.

토의에는 반드시 그 상대가 있으므로 상대방의 이야기를 잘 '경청'하는 것도 매우 중요합니다. '말할 때는 이미 알고 있는 것을 되풀이할 뿐이지만, 다른 이의 말을 경청한다면 새로운 것을 배우게 될 것이다.'라는 말이 있듯이 토의에서 경청은 아주 중요합니다. 사회적 합의 형성이나 공론화가 필요할 경우 경청의 철학과 방법론을 접목한 '경청 토의'를 활용하기도 합니다. 경청 토의는 일방적 주장과 논쟁 방식으로 이뤄지는 기존의 방송 토론이나 공공 토론과 달리 '경청 대화'에 의한 상호 이해와 공감대 형성을 지향하기 때문입니다. 경청 토의는 승패를 가르는 다툼의 기회가 아니라, 서로를 이해하고 배우는 승승의 장(場)이자 방법이라 할 수 있습니다.

6

수업 유형별 가이드 팁: 토론형
(면접전형 대비 최적의 효과)

1) 토론이 중요한 이유

오늘날과 같이 지식을 얼마나 많이 아느냐 보다 지식을 어떻게 다루느냐가 중요하게 된 시점에서 우리 교육의 목표는 정보를 처리하는 능력, 문제를 창의적으로 해결하는 능력, 타인과 능숙하게 의사소통하는 능력을 키우는 것에 초점을 두어야 합니다. 우리는 이러한 능력을 '미래 핵심 역량'이라 부르고 있으며, 이런 미래 핵심 역량을 키우기 위한 학습방법의 하나로 최근 주목받고 있는 것이 바로 '토론'입니다. 이미 많은 학자들에 의해 토론이 학생들의 자료조사 능력, 분석력, 판단력, 논증 구성력, 문제해결 능력, 의사소통 능력과 높은 연관성을 가지는 것으로 밝혀졌습니다.

이와 같이 토론 활동의 교육적 의의가 매우 높음에도 불구하고 학교 현장에서의 토론 수업은 아직 일반적이지 않습니다. 이러한 현상은 초·중·고로 학교 급이 올라갈수록 더욱 뚜렷하게 나타납니다. 이는 아마 입시 위주의 평가 방식, 내용 중심의 교육과정 운영, 과밀학급이 갖는 물리적 한계 등의 현실적인 제약 때문일 것입니다.

하지만 지금 2015 개정 교육과정의 적용을 앞둔 학교 현장은 많은 변화를 경험하고 있습니다. 대학수학능력시험의 절대평가에 대한 사회적 논의가 뜨겁고, 교과 내용의 축소로 교사

수준에서의 교육과정 재구성이 용이하게 되었으며, 과정중심평가와 성취평가제 도입으로 교과 수업 환경이 교사주도의 일방적 강의에서 학생 중심, 배움 중심 수업 형태로 빠르게 변하고 있습니다. 이러한 교육 환경의 변화로 인해 학교 현장에서도 방과 후 수업이나 동아리 활동에서 주로 이루어지던 '시사 토론'이나 '독서 토론'이 각 교과 수업 내에서 자연스럽게 이루어지고, 그에 대한 과정중심평가 역시 더욱 활발히 이루어질 것이므로 토론의 중요성이 더욱 커진다 할 수 있습니다.

2) 토론 수업과 평가 과정

토론에는 일반적으로 주제, 토론자 및 서로 다른 주장, 논증과 실증 전개, 엄격한 토론 규칙, 말하기와 듣기 과정 등 다섯 가지 요소가 포함됩니다. 여기서 '주제'는 토론을 위해 모인 사람들이 공통적으로 인식한 주제를 말합니다. 토론에서는 각자의 주장을 정당화하기 위해 논리적으로 증명해야 하므로 토론 과정은 '논증과 실증의 공방'이라 할 수 있습니다. 또 자기 주장만 한다거나 듣기만 해서는 토론이 이루어질 수 없으므로 말하기와 듣기가 모두 필요합니다. 상대방의 주장을 잘 경청할 때, 그 주장의 오류를 지적하여 자신의 주장을 더 강력하게 펼칠 수 있습니다.

토론의 종류에는 어떤 것이 있을까요? 정통적인 토론은 그 목적과 장소에 따라 크게 자유 토론, 교육 토론(아카데미 토론), 법정 토론 등으로 나눌 수 있습니다. '자유 토론'은 TV 토론 프로그램에서 흔히 볼 수 있는 가장 일반적인 토론 유형으로, 형식이나 규칙이 엄격하지 않습니다. '교육 토론'은 일명 '아카데미 토론'이라고 하는데 토론을 교육하기 위해서 만든 토론 방식을 말합니다. 찬성과 반대의 입장이 분명하게 대립하고, 발언 시간이나 순서 등과 관련된 규칙과 형식이 엄격하게 적용되며, 토론 결과에 따라 승패가 갈립니다. 교육 토론은 그 유래와 절차적 특징에 따라 표준 토론, 칼-포퍼 토론, 링컨-더글러스식 토론, 교차 심문식 (CEDA식) 토론 등으로 다양하게 나눌 수 있습니다.

실제 학교 현장에서 이루어지는 일반적인 토론 수업은 어떻게 진행될까요? 본 단락에서는 일반적인 찬반 토론을 적용한 수업과 그 과정에서 이루어지는 평가에 대해 구체적으로 살펴보고자 합니다. 보통의 찬반 토론 수업은 치밀하게 계획된 수업이라 할 수 있습니다. 선생님들은 보통 학기 시작 전에 교과 교육과정을 분석하여 토론이 필요한 특정 단원을 재구성하고, 토론의 논제를 선정한 뒤 이를 학생들에게 제시합니다. 다음으로 학급별로 학생들의 모둠과 역할을 정하게 하고, 제시된 논제에 따라 자료를 준비하여 토론하도록 지도합니다. 일반적인 찬반 토론 수업 과정을 조금 더 자세히 정리하면 다음과 같습니다.

논제 정하기: 먼저 수업에 앞서 학습 목표에 맞는 논제를 정하게 되는데, 이때는 선생님이 주도적으로 결정할 수도 있고, 학생들과 함께 상의해서 결정할 수도 있습니다.

모둠 조직 방법: 논제가 정해지면 실전 토론에 앞서 먼저 모둠을 구성해야 합니다. 모둠은 일반적으로 4~6명 정도로 구성하여 책임감을 유지하면서 역할에 대해 지나치게 부담스럽지 않게 해야 합니다. 모둠을 조직할 때는 무작위로 구성할 수도 있고 학생들의 희망에 따라 구성할 수도 있습니다. 무작위로 구성할 때는 그 단점을 보완하기 위해 처음부터 어느 정도 집단을 나눠 놓고 각각의 집단에서 무작위로 뽑아 모둠을 구성하기도 합니다. 예를 들면 4인 1모둠을 구성할 때, 미리 리더십을 가진 학생, 발표력이 좋은 학생, 책임감이 강한 학생, 친화력이 있는 학생 등 네 개의 집단으로 나눈 후 각 집단에서 무작위로 뽑아 모둠을 구성하는 것입니다.

역할 분담: 모둠을 조직했다면 이제 학생들의 역할을 분담합니다. 토론에서 팀워크는 그 팀의 승패를 좌우할 만큼 중요하므로, 각자 자신의 역할을 충실히 담당하여 팀워크를 높이도록 노력해야 합니다. 역할은 크게 입론자, 반론자, 최종 발언자, 사회자, 판정단 등으로 구분할 수 있습니다. '찬성 측 입론자'는 준비된 원고(입장)를 처음으로 발언합니다. 입론자의 모습이 팀의 첫인상이 되므로 입론하는 학생은 논리적 순발력이 약하더라도 표현력이 우수한 학생이 하는 것이 좋습니다. '반대 측 입론자'나 '양측의 반론자'는 상대방의 주장을 듣고 반박을 해야 하므로 가장 순발력이 있고 논리적인 학생이 담당하는 것이 좋습니다. 또 '최종 발

언자'는 토론 전체의 쟁점을 잘 파악할 수 있는 시각을 가진 학생이 담당하면 좋습니다. '사회자'는 정해진 규칙과 순서에 따라 토론을 진행하고, '판정단'은 토론 평가표에 따라 토론의 승패를 판정합니다. 사회자의 역할은 보통 선생님이 맡지만, 토론이 어느 정도 익숙해지면 학생들에게 그 역할을 맡기기도 합니다. 이때 네 명 정도로 구성된 별도의 '사회자 모둠'을 구성하여 사회, 계측, 토론 내용 기록, 판정자 및 배심원 기록지·투표용지 등과 같은 유인물 배포 및 수거 등의 역할을 맡아 토론이 원활하게 이루어지도록 도울 수도 있습니다.

자료 조사 및 정리: '자료 조사 및 정리' 과정은 일반적으로 '예비 토의, 자료 조사, 토론 개요 표 작성'의 순으로 진행됩니다. '예비 토의' 과정에서는 토론 수업 전 논제에 대해 자유 토의를 하면서 논제를 분석하고 주된 쟁점을 찾아보게 됩니다. 수업 시간에 예비 토의 활동까지 다루기 어려운 경우는 토론 수업 이전에 토론 모둠별로 미리 예비 토의 활동을 진행하기도 하는데, 이때 같은 팀 내에서 가상으로 찬반 토론을 하여 쟁점을 정리하기도 합니다. 또 예비 토의 활동 내용을 아래 표의 양식으로 정리하면 효과적입니다. '자료 조사' 과정에서는 자료 수집 계획을 수립한 후 구체적인 자료를 찾고, 찾은 자료 중에서 알맞은 것을 선택하고 배열하여 자료 목록을 정리합니다. 자료를 준비하는 것은 자신의 주장을 구체화하고, 상대의 반론을 예상하며, 재반박할 준비까지 포함하는 과정입니다. 마지막으로 준비된 자료를 바탕으로 다음 쪽에 제시된 양식으로 '토론 개요 표'를 작성해야 합니다. 토론 개요 표에는 논제에 대한 쟁점, 논거, 증거들에 대한 내용이 포괄적으로 제시되어야 합니다.

예비 토의 활동지 양식

토론 논제		반/모둠	
		모둠원	
용어 정리			

주장	구분	주장
	찬성 측	
	반대 측	
쟁점 만들기	구분	내용
	쟁점	
	예상되는 추가 쟁점	

(신광재 외 7인, 2011)

토론 개요 표 양식

논제 성립 배경		
개념 정의		
구분	찬성 측	반대 측
입론(반론)		
반론		
최종 발언		

(신광재 외 7인, 2011)

토론하기: 토론할 준비를 다 마쳤다면 이제 토론 개요 표를 참조하여 본격적으로 토론 규칙에 따라 토론을 진행하게 됩니다. '토론하기' 과정은 자리 배치, 토론 실행과 판정, 교사 평가 등으로 진행하게 됩니다. 토론 전 교사는 우선 학생들의 자리를 아래와 같이 토론 대형으

로 배치해 앉게 합니다. 판정단의 좌측에 찬성 측이, 우측에 반대 측이 자리합니다. 칠판 쪽에서부터 입론자, 반론자, 최종 발언자의 순으로 앉는 게 일반적입니다. 학생들이 지정된 자리에 위치하면 각 역할에 맞게 정해진 규칙과 순서에 따라 토론을 실행해야 합니다. 토론이 끝난 다음에는 판정단이 토론 결과에 대해 판정하고, 판정단 대표가 결

일반적인 토론의 자리 배치

과를 발표합니다. 토론이 끝난 후 교사는 토론 전반에 대한 총평을 하는데, 이때 총평은 판정 결과와 같지 않을 수도 있고, 승패를 구분 짓지 않을 수도 있습니다. 총평 시 교사는 일반적으로 토론이 전개된 전체적인 양상, 잘된 부분, 개선할 부분 등을 간략히 알려 줍니다.

다음에 제시된 예시는 학생 참여형 수업형태의 하나인 거꾸로 학습(flipped learning)을 바탕으로 이루어지는 '찬반 토론 수업'의 예이며, '과정중심평가 방법'을 적용하여 수업시간 중에 이루어지는 여러 가지 활동 과정과 결과를 동시에 평가합니다.

한눈에 보는 찬반 토론 수업 개관 [예시]

교과	고등학교 생명과학 Ⅰ	단원	2009개정	2.2.3 사람의 돌연변이
			2015개정	4.2.2 사람의 유전병
주제	맞춤형 아기, 찬성해야 할까, 반대해야 할까?			
학습 활동	'사람의 유전병'에 대한 사전학습 후 이루어지는 '찬반 토론' 활동			
주요 평가 방법	·활동지 평가(과정 평가, 교사 평가) ·관찰 평가(과정 평가, 교사 평가) ·사전학습 누가 기록 평가(자기평가)			
학습 목표	유전체 분석과 유전공학 기술을 이용한 맞춤형 아기를 허용할 것인지에 대한 자신의 의견을 논리적으로 말할 수 있다.			

학생 참여형 수업 형태	플립드 러닝을 적용한 '찬반 토론' 수업	차시	2차시 (블럭타임)
준비물	교과서, 필기구, 스마트 기기 등	사전학습 영상	TED:맞춤아기에 대한 윤리적 딜레마(18분)

2015개정 핵심 역량	□자기관리 역량	☑지식정보처리 역량	☑창의적 사고 역량
	□심미적 감성 역량	☑의사소통 역량	☑공동체 역량

성취 기준	2009 개정	·[생1222-3] 인간 유전체 사업의 목적과 성과에 대해 토론할 수 있다. ·[생1222-4] 유전자 치료가 무엇을 위한 것인지 알고 유전자 치료가 가져다 줄 수 있는 혜택과 문제점에 대해 이야기할 수 있다.
	2015 개정	·[12생과Ⅰ04-04]염색체 이상과 유전자 이상에 의해 일어나는 유전병의 종류와 특징을 알고, 사례를 조사하여 발표할 수 있다.

성취 수준	상	·인간 유전체 사업의 긍정적 전망과 이 사업이 초래하는 법적, 사회적, 윤리적 영향을 알고 이에 대한 자신의 의견을 말할 수 있다. ·유전자 치료가 사용되는 과학적 원리를 이해하고 이를 바탕으로 유전자 치료의 윤리적, 기술적 문제를 논리적으로 설명할 수 있다.
	중	·인간 유전체 사업의 목적과 과학적 성과를 설명할 수 있다. ·조사한 내용을 바탕으로 유전자 치료의 일반적인 혜택과 문제점을 발표할 수 있다.
	하	·인간 유전체 사업이 무엇인지 간단히 설명할 수 있다. ·유전자 치료가 무엇인지에 대한 조사 결과를 간단하게 발표할 수 있다.

① 한눈에 보는 찬반 토론 수업 과정과 평가

개념 정리 및 보충 [도입]	과정 평가
·동영상 시청: 지능, 외모 내 마음대로 '맞춤아기' 등장(2분) ·[활동지 1번] '맞춤형 아기' 정의 내리기	·활동지 평가[활동1]

⇩

수업 안내
·모둠 편성: 4인 1조, 이질 집단으로 구성 ·역할 분담: 각 모둠에서 입론자, 반론자, 최종 발언자, 서포터의 역할을 나누고, 토론에 참여하지 않는 모둠은 사회자 모둠과 판정단의 역할을 담당함. ·주제 확인: '맞춤형 아기. 찬성해야 할까 반대해야 할까?'

⇩

교수 학습 활동 [수업 전개, 평가 및 발표]		과정 평가
토론 준비	·영화 감상 및 느낀 점 정리하기: 짧게 편집된 영화 '가타카'와 '마이 시스터즈 키퍼'를 감상하고, 느낀 점을 정리하여 기록함.[활동지 2번] ·자신의 입장 확인하기: 맞춤형 아기 출산 허용에 관한 자신의 입장을 기록함(5점 척도).[활동지 3번] ·자료 조사 및 정리: 찬성과 반대의 입장에서 '자료 조사', '예비토의', '토론 개요 표' 작성[활동지 4, 5, 6번]	·활동지 평가 [활동 2, 3, 4, 5, 6] ·예비 토의 활동지 및 토론 개요 표 평가
토론 실행	·토론 규칙 확인, 자리 배치 ·토론 실행 및 판정 ·토론 결과 공유 및 합의문 채택[활동지 7, 8번]	·토론 활동 관찰 평가 ·활동지 평가 [활동 7, 8]

⇩

수업 정리 [정리]	과정 평가
·교사 평가 및 자기평가 실시 ·생각 나누기 및 다음 차시 내용 안내 · 확인	·자기평가 (사전학습 및 태도)

② 찬반 토론 수업의 평가 방법

토론 수업 평가는 교사마다 나름의 평가 기준을 가지고 평가 목표를 설정하여 시행되겠지만, 토론 수업이 갖는 일반적인 특징을 잘 파악하면 그 평가에 대해서도 잘 이해할 수 있습니다. 토론은 의사소통이 중심이 되는 교육 방법이므로 '글'을 대상으로 평가하는 일반적인 지필고사나 논술 평가와 달리 '말'을 대상으로 평가해야 합니다. 따라서 교사는 학생들이 말하는 것을 주의 깊게 듣고 말하는 장면을 잘 포착하여 평가하고, 학생들이 말을 통해 의도한 바를 제대로 표현하였는지, 상대의 의도를 잘 파악하여 이해하였는지 평가합니다. 즉, 상대의 발언을 얼마나 주의 깊게 듣고 비판적으로 분석하여 반론이나 질문으로 표현했는지를 평가합니다. 또 토론 수업을 한 교사는 학생들이 토론 수업을 통해서 도달하기 원했던 학습목표를 잘 달성했는지를 쪽지 시험, 논술, 토론자 보고서, 판정 보고서, 토론 준비 보고서 등의 형태로 점검할 수 있습니다. 또한 토론 결과를 떠나 학생들이 토론을 얼마나 꼼꼼하게 준비하였는지에 대해 자료 조사 카드 등을 받아 평가할 수도 있습니다.

토론 수업의 평가 방법은 토론 수업 단계에 따라 토론 전 평가, 토론 중 평가, 토론 후 평가로 나눌 수 있고, 평가 주체에 따라 교사 평가, 자기평가, 동료 평가로 나눌 수 있으며, 평가 요소에 따라 활동지 평가, 관찰 평가로 나눌 수도 있습니다. 최근 과정중심평가가 강조됨에 따라 토론 수업 평가에서도 학생 활동지와 교사의 관찰을 통한 토론 과정 전체를 평가하며, 객관적인 평가를 위해 평가 척도(준거: 채점 기준)에 근거하여 채점하는 것이 일반적입니다.

교육 현장에서 주로 활용되는 평가 방법은 사전학습 활동지, 예비토의 활동지, 토론 개요표 등을 포함한 학생 활동지 평가(교사 평가·과정 평가), 토론 활동 관찰 평가(교사 평가·과정 평가), 사전학습 누가기록 평가(자기평가) 등입니다. 이러한 여러 가지 평가 방법 중에서 수행평가 성적에 주로 반영되는 것은 '학생 활동지 평가'나 '학습 활동 관찰 평가'와 같이 공정성이 담보된 교사에 의해 이루어지는 평가(교사 평가) 결과입니다. 보통의 경우 자기평가와 동료 평가는 공정성을 확보하기 어려운 경우가 있으므로 수행평가 성적으로 반영하기보다는 주로 학습의 동기를 부여하거나 자신의 학습에 대한 성찰 기회를 제공하기 위해 이루어집니다.

토론 학생 활동지 주요 내용 예시

학생 활동	내용
정의 내리기 [활동지 1번]	동영상을 보고 '맞춤형 아기'가 무엇인지 한 문장으로 쓰시오.
역할 분담	모둠 내 역할(입론자·반론자·최종 발언자·서포터)을 기록하시오.
주제 확인	오늘의 토론 주제를 쓰시오.
영화 감상 및 느낀 점 정리하기 [활동지 2번]	짧게 편집된 영화 '가타카'와 '마이 시스터즈 키퍼'를 감상하고, 느낀 점을 정리하여 쓰시오.
입장 확인하기 [활동지 3번]	맞춤형 아기 출산 허용에 관한 자신의 입장을 아래에 표시하시오. (5점 척도: 매우 찬성/찬성/보통/반대/매우 반대)
자료 조사 (개인 활동) [활동지 4번]	찬반에 대한 어떤 다양한 입장과 생각이 있는지 조사하여 '찬반 입장/주체/근거'의 형태로 표로 작성하시오. (예) 찬성/희귀질병을 가진 자녀의 부모/유전성 희귀 빈혈을 앓고 있는 4살 난 아들을 치료하기 위해
자료 조사 및 정리 (모둠 활동) ·예비 토의 활동지 ·토론 개요 표	[예비 토의 활동지]-[활동지 5번] ·토론 논제, 반/모둠, 모둠원을 각각 기록하시오. ·용어 정리: 중요한 용어와 그 의미(사전적 의미)를 쓰시오. ·주장: 찬성 측과 반대 측의 주장을 정리하여 쓰시오. ·쟁점 만들기: 찬성 측과 반대 측의 쟁점을 정리하여 쓰시오. [토론 개요 표]-[활동지 6번] ·논제 성립 배경: 토론이 이루어지는 전체적인 배경을 쓰시오. ·개념 정리: 주요 용어의 개념을 정리하여 쓰시오. ·찬반의 논점과 근거, 예상되는 반박과 이에 대한 대책, 논제 해결 시 기대되는 효과 등을 입론, 반론, 최종 발언의 형태로 쓰시오. * 작성 요령: 쟁점을 중심으로, 완전한 문장 사용, 일관된 기호 체계와 형식, 중요도가 비슷한 항목은 같은 수준에 배열, 항목 간 논리적 종속 관계를 따져 배열, 주장을 분명하게 지지하는 증거만 포함, 자료의 출처 등
토론의 결과 공유[활동지 7번]	·반 친구들이 내린 결정과 그 이유를 듣고 정리해 봅시다. ·찬성 근거/근거 평가(이 근거는 타당한가?) ·반대 근거/근거 평가(이 근거는 타당한가?)
합의문 채택 [활동지 8번]	·학급 전체의 최종 결론이 무엇인지 쓰시오. ·그렇게 선택한 근거가 무엇인지 쓰시오.

토론 수업 단계에 따라 토론 전, 토론 중, 토론 후 단계로 나누어 평가할 때 각 단계의 평가 비율은 교수·학습 목적에 따라 교사 재량껏 구성할 수 있습니다. '토론 전 평가'는 토론을 마친 후에 학생들이 제출한 여러 가지 활동지를 평가하는 경우가 많은데 이때 역할 분담, 자료의 조직화, 제출 기한 준수 등의 항목을 설정해 평가할 수 있습니다. 자신의 역할에 맞게 어떻게 노력했는지를 제출한 자료와 동료 평가를 통해 확인할 수 있습니다. '토론 중 평가'는 토론, 태도, 규칙 준수 등을 평가 요소로 하는데, '토론'은 입론, 반론, 최종 발언에 이르는 논리적 사고력뿐 아니라 입증과 반증을 효과적으로 제시하는 의사소통 능력을 평가합니다. 또 '태도'에서는 토론자가 논증이 아닌 상대의 인격을 공격하지 않는지 주의하며 평가하고, '규칙 준수'에서는 토론의 형식적 절차를 알고 이를 효과적으로 운용하였는지를 평가합니다. 단순히 시간을 지켜 발언하였는지를 확인하는 것이 아니라 자신의 역할에 맞게 토론을 이끌어가는 능력이 있는지를 평가합니다. '토론 후 평가'는 판정단의 판정 결과 제출과 이에 대한 설명이 바르게 이루어졌는지를 살펴봅니다. 이때 교사는 토론 결과를 반영한 보고서를 제출받아 토론을 통한 교과 내용에 대한 심화된 이해를 도울 수도 있습니다. 아래의 표는 토론 수업 과정에 대한 평가 기준의 예시입니다. 실제 학교 현장에서는 평가의 어려움으로 인해 이 중 일부만을 선택하여 평가를 진행하는 게 일반적입니다.

토론 수업 과정에 대한 평가 기준 예시

영역	평가 내용	평가 기준(관점)
토론 전 평가	역할 분담	·자료 조사, 정리 등의 역할 배분이 잘 되었는가? ·상호 평가를 거쳤는가?
	자료의 조직화	·관련 자료를 효과적으로 조직하였는가? ·준비한 자료의 출처가 신뢰성 있는가?
	제출기한 준수	발표 전 기한 안에 내용 점검을 받았는가?
토론 중 평가	토론	·입론에서 효과적으로 주장의 타당성을 증명하였는가? ·현재 논의되고 있는 내용을 파악하여 쟁점으로 부각시켰는가? ·반론자는 앞의 발언자의 논거를 보완하여 주장을 강화하였는가? ·자기 측의 확인 질문 내용을 효과적으로 활용하였는가? ·논제에서 제기되는 핵심 쟁점을 예상하였는가? ·찬반 양측 주장을 뒷받침할 근거를 잘 갖추었는가? ·쟁점에 대한 논거를 뒷받침할 수 있는 사례를 검토하였는가? ·다양한 각도에서 예상될 수 있는 반론을 고려하였는가? ·상대측 주장의 근거를 바탕으로 교차 질문 및 반론을 제기하였는가? ·상대측의 오류를 파악하여 비판하였는가?
	태도	·예의를 갖추었는가? ·정확한 발음, 성량, 시선 처리로 토론하였는가?
	규칙 준수	·토론의 절차와 규칙을 준수하였는가? ·발표 시간 범위를 준수하였는가?
토론 후 평가	판정	·자신이 내린 판정 결과를 논리적으로 설명하였는가?
	보고서	·보고서 제출 기한을 준수하였는가? ·보고서 내용이 체계적이며 논리적인가?

(신광재 외 7인, 2011)

이상에서와 같이 토의·토론(하브루타)형 평가가 완료되면 교사는 평가 결과를 바탕으로 '학교생활기록부의 세부능력 및 특기사항'에 학생들의 구체적인 활동 내용이나 특이점에 관해 구체적으로 기록할 수 있습니다. 평가 영역 및 평가 항목별 기록 예시를 살펴보면 아래와 같습니다.

찬반 토론 평가의 학교생활기록부 세부능력 및 특기사항 기록 예시

평가 영역	평가 항목	학교생활기록부 기재 예시
사전학습 활동지 평가	·충실도 ·이해 정도	사전학습을 충실히 수행하여 내용에 대한 이해 정도가 뛰어나고, 사전학습 활동지의 빈칸을 오류 없이 잘 기록하였으며, 사전학습 영상 내용을 추가하여 구체적으로 정리·기록함. 특히 사전학습의 중요성을 잘 인식하고 있어 평소 사전학습에 아주 성실히 임함.
토론 수업 활동지 평가	·충실도 ·논리성 ·이해정도	토론 수업 활동지를 빠짐없이 구체적으로 잘 정리하여 기록함. 특히 영화를 감상하고 두 영화를 비교하여 느낌 점을 잘 표현하였고, 개인 조사 활동에서 맞춤형 아기의 찬반에 대한 다양한 입장을 그 근거와 함께 잘 정리하였음. 또 예비토의 활동지와 토론 개요 표를 작성할 때 작성 요령에 따라 논증형식으로 쟁점을 부각시켜 논리적으로 잘 표현함.
토론 활동 관찰 평가	·적극성 ·발표 ·경청 ·이해력	토론에서 주어진 자신의 역할에 충실히 임하였으며, 토론의 절차와 규칙을 잘 준수하고 예의를 갖추어 토론에 임함. 말하기를 할 때에는 정확한 발음과 성량, 시선 처리로 자신감이 돋보였고, 상대방의 이야기를 경청하는 태도가 우수하여 상대측 주장의 오류를 잘 찾아냄. 특히 쟁점을 찾고, 논거를 뒷받침하는 근거와 사례를 찾는 능력이 아주 우수하며, 토론 내용에 대한 이해력이 매우 뛰어남.

3) 1등급을 위한 토의·토론형 평가 팁

토론을 잘 하는 방법이 없을까요? 무슨 일이든 제대로 된 절차와 방법을 알고 꾸준히 연습하면 누구나 어느 정도까지는 잘할 수 있습니다. 토론도 마찬가지입니다. 보통 학교에서 선생님들이 토론 학습을 지도하는 방법은 다음과 같습니다.

·먼저 자기의 주장을 준비하는 방법을 알게 하고,
·토론의 규칙과 절차를 배우고 익히게 하며,
·끝으로 직접 토론을 경험해 보도록 지도함.

선생님들이 토론 수업 전에 학생들에게 가장 먼저 강조하는 것은 '토론할 준비가 된 사람이 되는 것'입니다. 이 말은 자신의 생각이 다른 사람의 주장보다 부족하다고 느껴지면 자신

의 생각을 바꿀 수 있는 준비가 되어야 한다는 뜻입니다. 상대가 무슨 말을 해도 귀를 닫아 버리고 자신의 생각을 바꿀 의사가 없는 사람에게 토론은 아무 의미가 없기 때문입니다. 토론은 기본적으로 말하기와 듣기로 이루어져 있습니다. 토론에서 말하기는 아주 중요한 요소입니다. 이러한 토론을 위한 말하기도 충분한 연습을 통해 잘 할 수 있습니다. 아래는 토론을 위해 단계별 말하기 연습 방법을 정리한 것입니다.

토론을 위해 단계별 말하기 연습 방법

구분	특징
1단계	·나는 … 라고 주장/찬성/반대 합니다. ·왜냐하면 … 이기 때문입니다. ·따라서 나는 … 라고 생각합니다.
2단계	·나는 … 라고 주장합니다. ·왜냐하면 … . ·예를 들면 … . ·따라서 나는 … 라고 생각합니다.
3단계	·나는 … 라고 주장합니다. ·왜냐하면 … 이기 때문입니다. ·예를 들면 … . ·물론 … 라 생각할 수도 있습니다. ·하지만 나는 … 라고 생각합니다.

　　찬반 토론 수업에서 좋은 평가를 얻기 위한 전략은 무엇일까요? 토론이 진행되는 단계별로 그 전략을 정리해 보겠습니다.

　　효과적인 쟁점 찾기: 토론의 성패는 논제를 분석하는 과정에서 형성된 쟁점들이 찬성 측과 반대 측의 공방을 통해서 어떻게 발전하느냐에 달려 있습니다. 따라서 토론을 시작하기 전에 논제를 분석하여 필수 쟁점들을 잘 찾을 수 있어야 합니다. 여기서 쟁점이란 찬성 측과 반대 측의 의견이 충돌하거나 대립되는 지점을 말합니다. 따라서 쟁점을 찾으려면 문제 상황에서 서로 대립하거나 서로 다르게 주장하는 부분을 찾거나 아니면 논제에 관련된 근거에서

의견이 대립되거나 불일치하는 부분이 무엇인지 찾아보면 됩니다. 쟁점을 발견하고, 쟁점의 수를 조정하며, 쟁점을 구조화하는 과정은 일반적으로 '예비 토의, 쟁점별 정리, 추가 쟁점 발견, 본 토론 쟁점 선택'의 과정으로 이루어집니다. '예비 토의' 단계에서는 찬반 측이 자유 토의의 형식으로 논제에 대해 찬반의 이유를 여러 가지 말해보고, '쟁점별 정리' 단계에서는 이유나 근거 중 찬성 측과 반대 측이 입장을 달리하는 지점을 찾아 정리합니다. '추가 쟁점 발견' 단계에서 학생들이 미처 찾지 못한 필수 쟁점이 있을 경우 선생님이 실마리가 될 수 있는 상황을 발문으로 제시하기도 합니다. '본 토론 쟁점 선택' 단계에서는 본 토론에서 주로 다룰 쟁점을 선택하고 우선순위를 정해 전략적으로 쟁점의 위치를 조정합니다.

토론의 탄탄한 뼈대인 논증: 흔히 자신의 생각이나 의견을 내세울 때 진술되는 의견을 '주장'이라고 합니다. 이런 주장이 설득력이 있으려면 주장하는 근거가 명확하고 주장과 근거 사이에 타당성이 있어야 합니다. 즉, 논증이 잘 이루어져야 설득력을 가질 수 있는 것입니다. 여기서 논증이란 논리적인 근거에서 타당한 주장을 이끌어 내는 사유 과정을 말합니다. 이 논증에 따라 주장의 옳고 그름을 판정할 수 있습니다. 효과적인 논증을 하려면 논증의 구조에 따라야 합니다. 일반적으로 토론은 누구나 동의할 수 있는 진리를 근거로 삼지 않으므로 논쟁하게 됩니다. 따라서 토론에서는 누가 더 설득력 있는 근거를 제시하느냐가 아주 중요한데, '툴민(Stephan Toulmin)의 모형'을 통해 효과적인 논증을 할 수 있습니다. 툴민이 말하는 논증의 요소는 아래 그림과 같이 정리할 수 있습니다. 이러한 '주장-근거-연결 고리-보강-조건-반론'이라는 논증의 요소가 튼튼한 뼈대를 가진 논증 구조를 만들게 됩니다. 그렇다면 어떤 것이 타당한 논증인지 확인할 수 있는 방법은 무엇일까요? 좋은 논증은 근거가 주장을 합리적으로 뒷받침할 때 성립합니다. 좋은 논증의 조건은 근거의 사실성, 근거의 관련성, 근거의 충분성 등으로 정리할 수 있습니다. '근거의 사실성'은 근거가 참이어서 많은 사람들이 수용가능하다고 판단하는 것을, '근거의 관련성'은 근거가 주장의 옳음에 관련 맺고 있는 것을, '근거의 충분성'은 근거가 주장을 위해 충분히 제공되고, 강하게 입증될 수 있는 것을 뜻합니다.

툴민 모형의 논증 요소

근거(ground)	연결 고리(warrant)	주장(claim)
·주장을 설득할 수 있게 하는 원인 ·주장을 믿을 수 있게 해주는 자료나 정보, 증거	·주장과 근거를 타당하게 만드는 이유 ·제시된 근거가 주장을 정당화할 수 있는 이유	·자신의 의견을 내세운 하나의 진술 ·논증의 결론

보강(backing)	조건(qualification)
·근거와 연결 고리에 더 구체적인 자료를 제공하는 것 ·개별적인 예, 통계, 증언 등을 말함.	·주장의 강도를 통해 주장과 근거를 한정하는 것. ·주장의 강도: -예외 없이:100% -일반적으로: 90% -아마도: 50%

	반론(rebuttal)
	·예외 조건 ·주장에 반하여 제기될 것으로 예상되는 의견

　　방어용 성벽을 쌓는 입론: 입론이란 논제에 대한 자신의 주장과 근거를 제시하고 그 주장을 정당화하는 과정을 말하는데, 일반적으로 입론에서는 주장과 그것을 뒷받침하는 근거를 제시하는 것 외에 토론의 논제 해석, 용어의 개념 정의, 논의가 쟁점으로 부각된 배경 등도 함께 설명합니다. 다시 말해 입론은 상대방의 반론에 대비하여 자신의 주장과 논거를 제시함으로써 튼튼한 방어용 성벽을 쌓는 것과 같습니다. 찬성 측이 입론에서 논제의 필수 쟁점을 어떻게 구조화하여 주장하느냐에 따라 토론의 성패가 갈리게 됩니다. 그렇다면 효과적인 입론을 위한 구조화된 틀은 없을까요? 입론의 시작 부분에서 논제의 배경을 언급하고 용어의 개념을 정의했으면 본격적으로 아래와 같이 주장을 펼쳐야 합니다. 이때 주장의 핵심 요소는 무엇인지, 주장은 얼마나 길게 해야 하는지, 근거는 몇 개 정도 제시해야 하는지, 어떻게 주장

을 해야 상대측의 공격을 잘 방어할 수 있는지 등을 알아야 탄탄한 입론을 할 수 있습니다.

주장하기의 구성

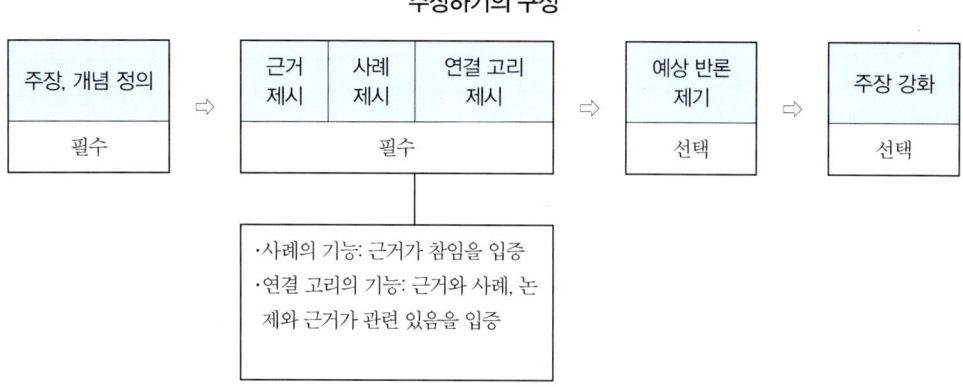

토론의 흐름을 바꾸는 확인 질문: 확인 질문은 토론 과정 중에서 찬성과 반대의 경쟁적 속성이 가장 부각되는 부분으로, 자기 측의 효과적인 반론을 위한 준비 단계에 해당합니다. 찬성과 반대 측은 각각 상대측 논증에서 논리적 오류나 결점을 지적하여 질문함으로써 자신의 주장이 더 설득력 있고 타당하다는 것을 증명해야 합니다. 확인 질문은 상대측이 입론이나 반론에서 제시한 내용을 조목조목 확인하며 상대방의 논리적 허점을 지적하는 성격을 띠기 때문에 좋은 확인 질문을 하기 위해서는 무엇보다 상대방의 이야기를 경청하고 메모하는 것이 중요합니다. 토론에서 확인 질문을 잘 하려면 어떻게 해야 할까요? 무엇보다 상대방의 주장을 잘 들어야 합니다. 확인 질문 시간을 잘 활용하지 못하는 경우가 많은데, 이는 무슨 질문을 해야 할지 모르거나 어떻게 질문해야 할지 모르기 때문입니다. 확인 질문이 단순히 앞에서 발언한 내용을 재차 확인하는 질문이라고 잘못 알고 있는 학생들도 많아 확인 질문 시간을 전략적이면서 효과적으로 이용하는 학생은 그리 많지 않습니다. 확인 질문을 할 때 필요한 질문자의 전략을 크게 4가지로 정리할 수 있는데, 먼저 상대측이 발언한 내용을 확인하고, 발언 내용 속에 숨어 있는 논리적 허점을 지적해야 합니다. 또 짧게 대답할 수 있는 질문을 단계별로 짜임새 있게 질문하고, 출처나 자료의 수치, 사실이나 사례 해석이 정확한지 질문합니다. 그러면 확인 질문에 대한 답변은 어떻게 해야 할까요? 예기치 않은 갑작스런 질

문을 받으면 누구나 당황하기 마련입니다. 확인 질문 단계는 단순하게 내용을 확인하는 차원을 넘어서 자기 측의 반론으로 이어질 수 있으며, 토론의 분위기나 흐름에 큰 변화가 생길 수 있으므로 효과적으로 잘 대처해야 합니다. 상대측의 의도 있는 질문에 대해 침착하고 효과적으로 대처하기 위해서 답변자는 먼저 질문을 내용을 경청하고 입론에서 주장했던 내용과 배치되지 않게 대답해야 하며, 나아가 질문자의 의도를 파악하여 간략하고 명료하게 대답하는 것이 좋습니다.

상대방의 성벽을 허무는 반론: 토론을 할 때 상대측은 자신의 주장을 최대한 논리적으로 만들려고 하겠지만 상대측의 주장을 무력화해야 구성원들이 자기 측의 주장을 받아들이게 할 수 있습니다. 즉 새로운 주장이 아닌 상대측의 논증에 대한 반론을 통해 상대를 무너뜨리고 자기 측의 주장을 강화할 수 있습니다. 여기서 반론이란 상대측의 논증 구조, 즉 주장이나 근거, 사례, 연결 고리 등에 대해 공격하는 것을 말하는데 특히 근거, 연결 고리의 부정확성, 오류 등을 밝히거나 주장에 대한 부작용, 대안 등을 제시하는 것이라 할 수 있습니다. 즉 반론을 구성할 때는 각 구성 요소인 주장, 근거, 연결 고리, 사례가 참인지, 주장과 근거, 근거와 연결 고리, 주장과 연결 고리 간에 연관성이 있는지 등을 검토해야 하고, 상대측의 주장 때문에 생길 문제점과 부작용이 없는지 점검하여 발견된 오류를 집중적으로 제시해야 합니다. 반론할 때 유의할 점으로는 ①자기 측 반론도 신뢰성과 타당성을 가질 것, ②자기 측에 유리한 쟁점을 찾아낼 것, ③반론할 내용을 체계적으로 구성할 것, ④앞의 과정에서 나오지 않은 주장을 제시하지 말 것, ⑤상대측이 주장한 논증은 모두 반론할 것, ⑥논증 구성 요소 전체를 부정하거나 거부하지 말 것 등을 들 수 있습니다.

판정단의 마음을 사로잡는 최종 발언: 최종 발언은 최종 변론, 정리 발언, 최종 입장 정리 등의 용어로 표현되는데 논술문으로 보면 결론에 해당하고, 재판 과정에서는 변호인의 최후 변론에 해당된다고 할 수 있습니다. 토론에서 양측의 입장을 마지막으로 정리하고 마무리하는 시간인 최종 발언은 단순히 정리만 하는 것이 아니라 판정단에게 자기 측의 주장이 더 논리적이며 설득력이 있음을 최종적으로 각인시키는 단계로 볼 수 있습니다. 이처럼 최종 발언은 순서상 마지막 발언이므로 판정단의 판단에 결정적인 영향을 끼칠 수 있고, 판정단이 토론의 흐름을 정리할 수 있게 만들어 주며, 예화나 비유, 인용문 등을 활용하여 표현의 효과를 극대화할 수 있다는 측면에서 매우 중요하다 할 수 있습니다. 최종 발언의 구성 요소에는 반론하지 못하였거나 재반론이 필요한 부분 반론하기, 자기 측의 입장과 근거 다시 한 번 강조하기, 쟁점을 중심으로 발언 내용 정리하기, 예화나 비유, 인용문을 활용하여 깊은 인상 남기기 등이 있습니다. 일반적으로 학생들은 최종 발언을 자기 측의 입장을 다시 한번 정리하는 것 정도로 이해하는데, 좀 더 적극적이고 설득력 있는 표현을 활용하는 것이 요구됩니다. 그럼 최종 발언을 잘하려면 어떻게 해야 할까요? 앞서 살펴본 것과 같이 최종 발언의 구성 요소를 체계적으로 연습한 후에 다음의 몇 가지 요소를 추가한다면 더욱 훌륭한 최종 발언을 할 수 있을 것입니다. 먼저 판정단이 이해할 수 있게 쉽게 발언해야 하고 여유를 갖고 발언해야 하며, 진솔한 모습으로 신뢰감을 주되 준비된 최종 발언을 그대로 읽지 말아야 합니다. 영어 토론의 달인 존 미니(John Meany) 교수는 판정관과 청중을 설득하는 것이 토론자의 임무라고 강조합니다. 존 미니 교수가 말하는 '토론 잘하는 법'에 대한 인터뷰 내용을 정리하여 소개하겠습니다(박정식·정현진, 2009.11.16. 중앙일보).

한국 학생들의 토론 능력은?
한국 학생들은 논쟁은 잘하지만 강·약, 장·단이 부족한 것 같아요. 조목조목 맞서는 언쟁은 뛰어나지만 다채롭고 흥미진진한 연설 모습은 찾기 어려워요.

유명인사 중 앞서 지적한 능력을 갖춘 모델은?
오바마 대통령을 들 수 있어요. 오바마 대통령의 연설은 청중을 빨아들여요. 청중도 그의 말에 귀 기울일 준비를 하고 있다는 마음이 엿보여요. 청중이 들을 준비가 돼 있다는 것은 연설자가 청중을 설득할 수 있다는 걸 뜻합니다. 오바마 대통령이 큰 그룹을 상대로 연설함에도 청중은 그와 일대일로 대화를 나누는 것 같은 느낌을 갖게 된다고 해요. 학생들도 오바마 대통령처럼 큰 장소에서 토론(연설)을 해도 관중에게 일대일로 얘기하는 것 같은 느낌을 주려고 노력해야 해요.

토론에서 놓치지 말아야 할 철칙은?

경쟁상대와 토론을 벌이고 있다는 생각을 버려야 해요. 상대의 주장에 반론만 잘 세우면 된다는 생각은 착각입니다. 토론의 핵심은 상대편과 싸우는 것이 아니라 판정관과 청중을 설득하는 것입니다. 초보 토론자들은 흔히 화를 내거나 상대의 말에 꼬투리를 잡으며 상대편 주장에 몰입해요. 훌륭한 토론가는 상대편을 존재감 없는 대상으로 만듭니다. 청중과 판정관이 전문가에게 설득당해 상대편 주장에 더 이상 귀를 기울이지 않게 된다는 뜻입니다.

토론을 잘하기 위해 길러야 할 능력은?

비판적 사고, 자신감 있는 대중연설의 힘, 볼륨감 있는 목소리 등입니다. 눈 접촉(eye contact), 제스처 등 비언어도 필요하고, 연설 구성도 짜임새 있게 만들어야 해요. 서론을 강하게 시작하고, 본론은 다양한 쟁점을 열거하며, 결론은 드라마처럼 끝내야 합니다. 청중이 토론자의 말을 듣고 여운을 느끼게 해야 하는 거죠.

비판적 사고력을 키우는 방법에 대해 조언하면?

무조건 반대를 하는 연습을 해보는 겁니다. 주장이 아무리 논리적이고 설득력 있는 내용이라도 반대 입장을 세워봅니다. 반대를 위한 반대라도 상관없어요. 반대 이유를 만드는 과정에서 잘못된 점을 찾고 수정·보완하는 훈련을 하면 생각을 체계적으로 정립할 수 있고 비판적 사고력을 기를 수 있어요. 이를 위해선 토론을 반드시 찬·반 입장으로 나눠야 해요. 대립 상황을 조성해야 반대 입장에서 공격과 방어를 해보는 실제 훈련을 할 수 있기 때문입니다.

팀워크도 빼놓을 수 없는 요소일 것 같은데?

그렇습니다. 팀원 개개인의 말하는 형식과 아이디어는 서로 다르지만 이를 조합해 팀의 전략으로 삼는 과정이 중요해요. 첫 토론자는 토론 환경을 만들고, 둘째 토론자는 토론을 요약·평가하는 역할로 나눕니다. 즉 전자는 공개하고 후자는 조직하는 것이죠. 팀원은 서로의 연설 태도가 판정관에게 어떻게 전달되는지를 평가해주며 보완하도록 합니다.

토론 능력을 높이려면 어떤 자료를 사용하는 것이 좋은가?

조약 · 협정 · 약정 등에 쓰인 최초 원본(primary document)을 읽는 것입니다. 처음부터 원본을 가공한 뉴스나 해설서 등을 읽으면 생각의 틀이 좁아져요. 분량이 많겠지만 원본을 읽어야 스스로 가치판단을 세우는 능력이 생깁니다. 미국대표팀은 이런 원본들을 수십 박스 갖고 다니며 토론대회를 준비해요. 이후 이를 비평한 신문 · 잡지를 읽으면 정책 분석방법과 전문가 견해를 배우는 데 도움을 받을 수 있어요. 나이가 어린 초보 토론자는 원본 독해능력이 부족하므로 순서를 뒤집어 뉴스부터 읽는 것이 좋아요. 이는 다른 사람의 의견을 읽고 자기 생각을 세워보는 훈련을 하기에 좋습니다.

당신이 토론에서 중요하게 여기는 것은?

좋은 아이디어와 의견을 세우는 능력이 훌륭한 토론자의 자질입니다. 그렇게 만드는 훈련법 중 하나는 토론에 자주 참여하는 것입니다. 체스경기처럼 상대방의 수를 예측해 내가 둘 다음 수를 고민하는 법을 체득해야 합니다. 또 하나는 평소 시사 이슈를 챙겨보는 것입니다. 즉흥 토론대회는 1시간 전에 토론자들에게 주제를 알려주는데, 이를 준비하려면 최소한의 배경지식이 필요합니다. 이마저도 없으면 주장을 세우기가 어렵기 때문이죠. 토론자는 많이 읽고 많이 생각하는 습관을 가져야 해요.

7
수업 유형별 가이드 팁: 조사 · 발표형
(비주얼씽킹, 과학 신문, 마인드맵 등 다양한 발표 방식의 평가)

1) 조사 · 발표형이란?

최근 학생 참여형 수업이 강조되면서 가장 많이 사용되는 활동이 조사 · 발표형 수업입니다. 학생들이 문제에 대해 인식하고 이를 해결하기 위한 방안을 제시하기 전에 먼저 조사활동을 하게 됩니다. 아직까지 학교 현장에서 조사 활동을 하기 위한 환경적인 인프라가 구축되지 않아서 시기상조라는 이야기도 있지만 새롭게 바뀌는 교과서와 정부의 시책에 의하면 앞으로 거의 대부분의 수업에서 조사활동이 포함될 예정입니다. 조사 활동을 위한 환경은 검색이나 조사를 위한 태블릿 PC나 스마트 폰이 필요하고, 이를 마음껏 사용할 수 있는 인터넷 기반도 필요합니다.

현재 창의 · 융합형 과학 교실 사업을 통해 이런 환경을 조성하고 있으며 2015 개정 교육 과정 고등학교 과학 필수 교구나 권장 교구에 태블릿 PC를 지정하고 있습니다. 태블릿 PC가 없는 학교라도 최근에 대부분의 학생이 스마트 폰을 가지고 있으므로 일반 교실에서도 간단한 조사 활동은 가능합니다. 앞으로 모든 교실에서 와이파이가 가능한 환경으로 조성될 예정이라 조사 활동은 더욱 확대될 예정입니다. 조사 · 발표형 수업뿐만 아니라 대부분의 탐구 활동에서 조사 활동은 기본적으로 이루어지며 다양한 수업 형태로 이루어질 수 있습니다.

1 Step		2 Step		3 Step		4 Step
조사	⇨	정리 추론	⇨	표현 토의 토론 글쓰기	⇨	발표

조사 활동을 통해 정리하고 이를 바탕으로 토의나 토론을 하거나 글을 쓰거나 다양한 표현 방식으로 발표 자료를 만들게 됩니다. 이 과정에서 2 Step이나 4 Step은 생략되기도 합니다. 여기서는 3 Step에서 토의, 토론, 글쓰기 등을 제외한 나머지 표현 방식에 대해서만 살펴보겠습니다. 표현 방식에는 신문 제작, 4칸 만화나 만화, 비주얼씽킹, 인포그래픽, 마인드맵, PPT 등 다양한 방식이 있습니다.

이중에서 가장 고전적인 방식은 PPT나 프레지를 이용해서 제작하고 발표하는 방식입니다. 기존에 과제형으로 가장 많이 사용하고 있는 방식이지만 PPT나 프레지를 이용해서 발표 자료를 만드는 데 시간이 많이 소요되고 모둠 활동에서 특정 학생에게 활동이 집중되기 때문에 과정형 수업과 평가에서는 많이 활용되지 않습니다. 수업 시간 내에 발표 자료를 작성하여야 하기 때문에 모든 모둠원들이 참여하여 활동할 수 있는 신문 제작, 만화, 비주얼씽킹이나 인포그래픽 등이 많이 활용될 예정입니다. 생각이나 글을 그림으로 표현하는 비주얼씽킹은 이미 많은 학생 참여형 수업에서 활용하고 있습니다. 인포그래픽은 어떤 정보나 통계를 그래픽적 시각으로 접근하여 소개하는 이미지로서 Information과 Graphics가 합성된 단어입니다. 즉 정보를 이미지화한 데이터입니다. 정보 습득의 매체가 컴퓨터에서 모바일 환경으로 점점 옮겨감에 따라 정보 습득 시 상당 부분을 시각적 자극에 의지하게 되면서 텍스트보다 직관적인 이미지 형태의 인포그래픽이 부각되고 있습니다. 정보를 구체적, 표면적, 실용적으로 전달한다는 점에서 일반적인 그림이나 사진 등과 구별되는데, 복잡한 정보를 빠르고 명확하게 설명해야 하는 기호, 지도, 기술 문서 등에서 주로 사용되고 있습니다. 과학적 데이터나 정보를 다루는 과학 과목에서는 비주얼씽킹보다 인포그래픽을 즐겨 사용합니다.

미술 사조로 알아보는 의자지형도

[예시] 인포그래픽 활동

조사 · 발표 수업은 먼저 제시된 문제를 해결하기 위한 조사 활동을 합니다. 이때 다양한 기기를 사용하기 때문에 핵심 역량 중에서도 지식정보처리 역량을 기를 수 있습니다. 또한 조사된 내용을 바탕으로 모둠원들이 토의와 토론 과정을 거쳐 발표 자료를 제작하기 때문에 의사소통 역량도 기를 수 있습니다. 발표할 자료가 다른 모둠과 차별화된 창의적인 산출물로 제작되기 때문에 창의적 사고 역량을 평가할 수도 있습니다. 따라서 학생 참여형 수업은 다양한 역량을 기르고 평가할 수 있는 활동입니다.

2) 조사·발표 수업과 평가 방법

조사·발표 수업은 보통 조사할 문제를 제시하고 조사 결과를 표현할 방법 역시 제시해 줍니다. 그에 따라 발표 자료를 만들고, 이를 바탕으로 발표가 이루어집니다. 조사 과정과 발표 자료를 만드는 과정에서 교사의 관찰 평가가 이루어지고 산출물을 발표하는 과정에서 동료 평가와 교사의 산출물 및 발표 평가가 이루어지게 됩니다. 동료 평가나 관찰평가는 1장에서 다루었으므로 여기서는 산출물 평가에 대해서만 다루겠습니다. 먼저 일반적인 수업은 3단계에 걸쳐 이루어집니다. 실제 학교 현장에서 이루어지는 조사·발표 수업의 세 단계 과정을 정리하면 다음과 같습니다.

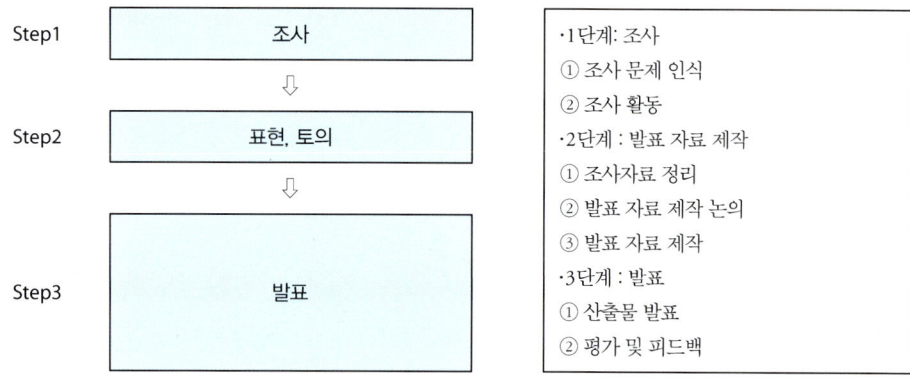

발표 수업은 현재까지는 교사들도 익숙하지 않은 학생 참여형 수업입니다. 왜냐하면 지금까지 대부분 집에서 학생들이 발표 자료를 만들어 왔기 때문에 과정 중심으로 이루어지는 발표 수업은 잘 사용하지 않는 수업 방식이었습니다. 앞서 이야기 했듯이 조사·발표 수업에서도 교사에 의한 관찰평가나 발표에 대한 동료 평가가 이루어지지만 여기서는 제작된 발표 자료의 산출물과 발표 활동에 대한 평가만 한정해 살펴보도록 하겠습니다.

① 한눈에 보는 조사·발표 수업 과정과 평가

· 학습 주제: 다윈의 진화론은 과학과 사회에 어떤 영향을 미쳤을까?

· 학생 참여형 수업 유형: 조사·발표

수업 안내
·모둠 편성: 4인 1조, 이질 집단으로 구성 ·조사·발표 수업 방법 안내

⇩

교수 학습 활동 [수업 전개, 평가 및 발표]		과정 평가
생각 모으기	·조사 내용 및 역할 나누기 ·개인별 조사	·교사 관찰평가 - 발표 내용 구성 및 발표 참여 도에 대한 관찰평가 ·동료 평가 - 결과물 - 발표 내용
생각 나누기	·모둠별 조사 자료 취합 ·개인별 조사 자료 발표를 통한 모둠 발표 아이디어 구상	
생각 펼치기	·모둠별 비주얼씽킹 제작 활동	
발표 하기	·발표	

⇩

수업 정리 [정리]	과정 평가
·활동 후 동료 평가 실시 ·활동 후 소감 나누기 및 다음 차시 내용 확인	·자기평가 - 산출물 평가

② 조사 · 발표 수업 예시

조사 · 발표 수업은 수업 목표를 제시하고 조사할 내용을 알려준 다음 조사한 내용을 바탕으로 발표 방식을 지정해주고 발표를 하는 과정으로 진행됩니다. 다음은 다윈의 진화론이 사회에 미친 영향에 대한 수업의 예시입니다.

주제	다윈의 진화론은 과학과 사회에 어떤 영향을 미쳤을까?
목표	
	다윈의 진화론이 과학과 사회에 준 영향을 비주얼씽킹으로 표현하고 설명할 수 있다.
과정 (1)	다윈의 진화론이 과학과 사회에 준 영향을 조사해 보자.
과정 (2)	조사한 내용을 바탕으로 모둠원들끼리 토의하여 다윈의 진화론이 과학과 사회에 준 영향에 대해 비주얼씽킹으로 표현해 보자.
과정 (3)	모둠별로 만든 작품을 발표해 보자.

이 수업 주제에 따라 학생들은 다윈의 진화론이 과학과 사회에 준 영향에 대해 조사를 하고 모둠원들과 표현할 내용에 대해 토의를 거치게 됩니다. 비주얼씽킹으로 표현하라고 제시가 되었으므로 학생들은 비주얼씽킹을 이용한 산출물을 제작하게 됩니다. 다음은 학생들이 제작한 산출물입니다.

[예시] 다윈의 진화론이 사회에 미친 영향 수업 비주얼씽킹

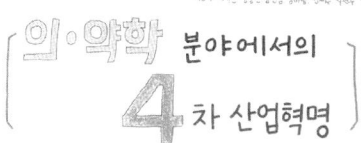

[예시] 다양한 수업에서의 비주얼씽킹

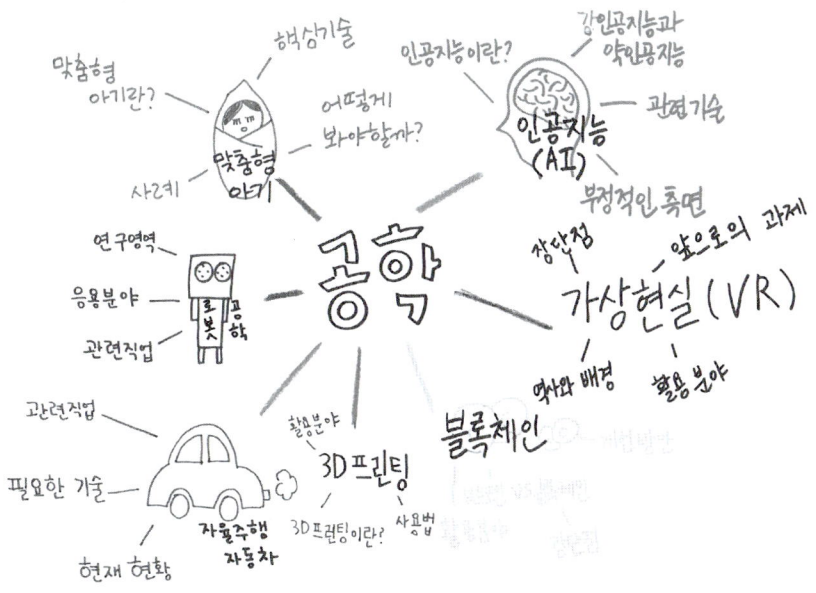

[예시] 4차 산업혁명 마인드맵

③ 조사 · 발표 수업 평가 방법

조사 · 발표 수업에서는 조사 과정과 발표를 위한 산출물 제작 및 발표에 대한 평가가 이루어집니다. 조사 과정과 산출물 제작 과정은 보통 교사의 관찰평가에 의해서 이루어지고 발표 평가는 교사와 동료에 의한 평가로 이루어집니다. 여기서 산출물에 대한 교사의 평가가 따로 이루어지게 됩니다. 과정에 대한 관찰평가와 발표에 대한 동료 평가는 다른 탐구 활동과 동일하므로 여기서는 교사에 의해 이루어지는 평가에 대해서만 설명하고자 합니다. 발표형 수업에서 발표 자료의 형태는 다양합니다. 신문 제작을 통한 발표, 비주얼씽킹이나 인포그래픽 제작을 통한 발표, 마인드맵 제작 등 다양한 형태가 있지만 이 활동에서 평가 내용은 앞서 제시한 비주얼씽킹에 대해 한정하도록 하겠습니다. 조사 발표 활동에서의 평가 내용과 기준은 활동마다 차이는 있지만 다음과 같이 정할 수 있습니다.

평가 항목	평가 내용 / 평가 기준
조사 활동	산출물 제작을 위해 필요한 자료 조사 활동을 효율적으로 수행하였는가?
의견 제시	모둠 토의 과정에서 자신의 의견을 효과적으로 전하였는가?
의사 소통	발표할 내용을 구성하는 과정에서 자신의 의견을 표출하였는가?
배려	모둠별 토론 활동에 다른 모둠원의 말을 존중하고 경청하였는가?
적극성	모둠별 활동에 적극적으로 참여하였는가?
정확성	산출물 제작에 내용적인 오류가 없는가?

[예시] 교사에 의한 활동지 및 산출물 평가 기준(척도)

평가 영역	평가 요소	채점 기준	배점	채점
정보 탐색하기	활동 관련 정보 탐색 및 활동 과정 표현하기	다윈의 진화론에 대한 정보를 찾고 이것을 비주얼씽킹으로로 표현할 수 있는 방법을 선택하였다.	2	
		다윈의 진화론에 대한 정보를 찾았으나 이것을 표현하는 방법을 구체적인 방법을 찾지 못했다.	1	
		적절한 자료와 표현 방법 모두 찾지 못했다.	0	
산출물 (표현 자료) 제작하기	활동 수행	토의한 내용에 따라 비주얼씽킹 발표 자료를 정확하게 제작하는 탐구 활동을 주어진 시간 내에 수행하였다.	2	
		토의한 내용에 따라 발표 자료를 제작하는 활동을 수행하였으나 완성이 미흡하였다.	1	
		토의한 내용에 따라 산출물을 주어진 시간 내에 제작하지 못하였다.	0	
	참여도 및 태도	주어진 역할에 책임감을 가지고 성실히 수행한다.	2	
		지시된 활동을 모둠원의 도움을 받아 수행하나 활동이 적극적이지 않다.	1	
		모둠별 활동에 거의 참여하지 않는다.	0	

평가 영역	평가 요소	채점 기준	배점	채점
설명하기	결과 정리 및 발표하기	발표 자료에 포함되어야 할 내용(다윈의 진화론이 과학에 준 영향, 사회에 준 영향) 2개를 모두 정확하게 기술한다.	2	
		발표 자료에 포함되어야 할 내용 2개 중 1개를 정확하게 기술한다.	1	
		발표 자료에 포함되어야 할 내용을 정확하게 기술하지 못하였다.	0	

　　제시된 기준은 산출물의 종류와 내용에 따라 달라질 수 있지만 조사한 내용에 오류는 없는지, 산출물을 주어진 시간 내에 제작하였는지, 발표를 통해 설명은 제대로 하였는지를 평가하게 됩니다. 이를 바탕으로 학생 활동 누가 기록이 작성될 수 있으며 학생들을 보통 성취 수준에 따라 5단계로 나누어 평가할 수 있고, 성취 수준에 따라 다음과 같이 기록해 줄 수 있습니다. 개별적으로는 탐구 활동 과정에서 보여준 역량 중심으로 기술할 수도 있습니다. 이런 역량 중심 기술은 1장에서 다루었으므로 여기서는 생략하겠습니다.

<h3 style="text-align:center">학생 활동 누가 기록 예시</h3>

성취수준	일반적 특성
A	다윈의 진화론이 과학과 사회에 준 영향을 조사하여 비주얼씽킹으로 표현하는 탐구 활동을 수행할 수 있음. 산출물 제작 과정에서 과학적 의사소통 능력을 발휘하여 탐구 활동의 결과를 활용하여 다윈의 진화론이 과학과 사회에 어떤 영향을 주었는지를 설명할 수 있고, 다양한 분야에 준 영향을 효과적으로 표현할 수 있음.
B	교사의 도움을 받아 다윈의 진화론이 과학과 사회에 준 영향을 조사하여 비주얼씽킹으로 표현하는 탐구 활동을 수행할 수 있음. 산출물 제작 과정에서 과학적 문제해결력, 과학적 의사소통 능력을 발휘하여 다윈의 진화론이 과학과 사회에 어떤 영향을 주었는지를 토의하고 표현할 수 있음.
C	교사의 안내를 받아 다윈의 진화론이 과학과 사회에 준 영향을 조사하여 비주얼씽킹으로 표현하는 탐구 활동을 절차대로 수행할 수 있음. 탐구 활동의 결과를 활용하여 다윈의 진화론이 과학과 사회에 영향을 주었음을 말할 수 있음.

성취수준	일반적 특성
D	교사가 제시한 방법에 따라 다윈의 진화론이 과학과 사회에 준 영향을 조사하여 비주얼씽킹으로 표현하는 탐구활동을 수행할 수 있음. 탐구 활동의 결과를 활용하여 다윈의 진화론이 다양한 분야에서 영향을 주었음을 말할 수 있음.
E	교사가 제시한 방법에 따라 다윈의 진화론이 과학과 사회에 준 영향을 조사하여 비주얼씽킹으로 표현하는 탐구 활동에 참여하고, 탐구 활동의 결과를 토대로 다윈의 진화론을 설명할 수 있음.

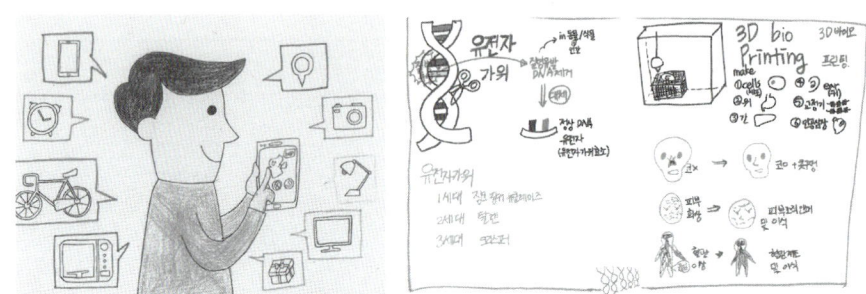

[예시] 4차 산업 혁명을 주제로 학생들이 제작한 그래픽

3) 1등급을 위한 조사·발표형 평가 팁

어떤 정보를 찾아야 하는지 명확하게 알기

어떤 방식으로 정보를 조사해야 효과적인지 탐색 전략 수립하기

어디에 가서 정보를 찾을 수 있는지 알기

조사한 정보/자료의 관련성과 유효성 판단하기

   - 관련성: 찾고자 했던 해답과 관련이 있는지를 판단

   - 유효성: 찾은 정보가 믿을만한 것인지 판단 분석 및 정리하기

수집한 정보를 어떻게 표현할지 결정하기

   - 이 자료로 발표를 한다면 누가 대상이 되며, 어떤 수준으로 만들어야 할까?

   - 자료를 만들 때 어떤 형태로 만들까?

조사 및 발표를 잘했는지 스스로 질문하고 답하기

　- 어떻게 하면 내가 더 잘할 수 있었을까?

남들과 다른 자료 수집을 위해 사이트 활용하기

단순한 과제 수행이나 기초적인 자료를 수집하기 위해 학생들이 가장 많이 이용하는 방법이 인터넷 포털 사이트를 활용하는 방법입니다. 최근에는 쉬운 기초 지식부터 전문 지식까지 간단한 검색어로 쉽게 찾을 수 있습니다. 하지만 이 방법의 경우에는 지식의 진위 여부를 판단하기가 어렵습니다. 백과사전 기능의 경우에도 우리나라는 많은 정보보다는 가장 기본이 되는 정보만 제공되기 때문에 구체적인 내용을 알기 어렵습니다. 또한 동일한 포털 사이트를 활용할 경우 다른 친구들과의 차별성을 찾기 어렵기 때문에 남들과 다른 구체적인 정보를 얻어야 합니다. 단순한 과제나 지식을 찾는 서술형 과제라면 위키피디아(https://www.wikipedia.org/)를 참고하면 좋습니다. 이 사이트는 다른 백과사전과 달리 내용이 방대하고 복사, 수정, 배포가 자유로운 이점이 있습니다. 다른 백과사전이나 블로거의 경우에는 심각한 저작권 문제가 발생할 수 있으므로 인용할 때 주의해야 합니다. 위키피디아의 경우 한국어뿐만 아니라 다른 나라의 언어로도 검색이 가능하고, 각주의 내용을 클릭하면 인용한 문서의 원본을 볼 수도 있습니다. 초 · 중등 학생들의 간단한 서술형 과제를 해결할 때 가장 유용한 사이트입니다.

하지만 고등학생들의 경우에는 좀 더 전문적이고, 나만의 창의적인 보고서를 만들어야 합니다. 그럴 때 가장 유용한 사이트가 바로 학술연구정보서비스(www.riss.kr)입니다. 보통 이 사이트는 학위 논문을 작성할 때나 연구 논문을 검색할 때 유용한 사이트입니다. 이 사이트는 간단한 회원 가입만으로 국내에서 발행되는 거의 모든 학위 논문과 학술지에 대한 정보뿐만 아니라 해외 논문까지 검색할

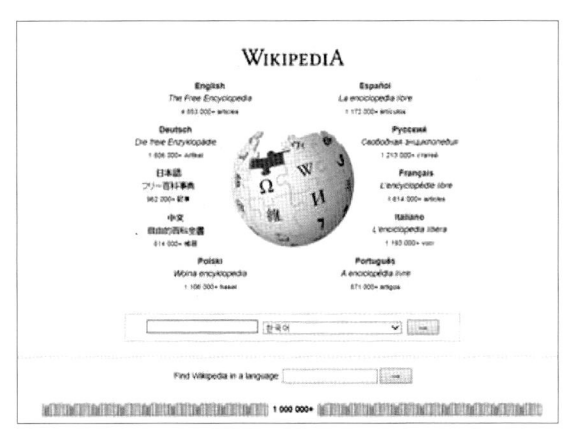

수 있습니다. 정보를 검색할 때 먼저, 통합검색에서 핵심 검색어를 검색한 다음, 결과 내 재검색을 통해 구체적인 내용의 논문을 검색합니다. 학위 논문이나 학술지 논문에서 '원문보기'가 활성화되어 있다면 논문의 원문을 다운받아 읽어볼 수도 있습니다.

학위 논문은 보통 원문 제공이 무료이므로 주제와 관련된 몇 개의 논문을 다운받아 보고서 작성에 참고하면 나만의 창의적인 보고서를 완성할 수 있습니다. 보고서 평가에서 1등급을 받는 학생들은 자료 수집 단계부터 남들과 다릅니다.

8

수업 유형별 가이드 팁: 실험 · 실습형
(이공계 최적 평가)

1) 실험 · 실습이란?

실험 · 실습은 학생들에게 탐구 능력 및 핵심 역량을 향상시키기 위한 고전적인 수업 방식으로 자연계에서 가장 흔히 사용하는 수업이자 과정중심평가 방법의 하나로 널리 활용되고 있습니다. 실험 실습 활동은 개별로 하는 경우도 있지만 최근에는 모둠이나 짝을 이루어 하는 경우가 많습니다. 레시피에 따라 요리를 완성하는 것처럼 대부분의 실험 · 실습 활동도 과정이 주어지면 학생들이 그대로 따라 한 후에 결과를 바탕으로 생각하고 이를 정리해서 발표하는 방식으로 이루어집니다. 따라서 학생들에게 사고력과 탐구 능력뿐만 아니라 문제해결 능력까지 길러 줄 수 있는 활동입니다. 최근에는 학생들이 직접 실험을 설계하거나 STEAM처럼 창의적인 설계를 통해 다양한 결과나 산출물을 만들어내는 활동을 권장하고 있지만, 그렇다고 해서 결과 확인만 하는 전통적인 실험 · 실습이 중요하지 않거나 비중이 줄어든 것은 아닙니다. 여전히 이 같은 전통적인 방법이 과학이나 기술 과목에서는 수행평가나 과정중심형 평가에 많이 활용되고 있습니다. 여기에서 다루는 실험 · 실습은 전형적인 방식으로, 교과서에 나오는 과정을 그대로 따라 하고 그 결과를 바탕으로 결론을 내린 후 토의를 거쳐 발표하는 전 과정을 의미합니다. 단순히 교과서를 그대로 따라 해서 얻어진 결과라도 이를 바탕으로 모둠원들과 토의한 내용을 바탕으로 결론을 도출하고, 이를 발표하는 과정에서 학생들은 의사소통 능력과 발표력을 기를 수 있습니다.

보통 실험은 과학적 탐구 방법을 따르는데 이는 크게 귀납적 탐구 방법과 연역적 탐구 방법으로 나눌 수 있습니다. 좀 어려운 내용일 수 있지만 실험 과정 이해를 위해 간단하게 설명하도록 하겠습니다. 귀납적 탐구 방법은 수많은 구체적인 관찰을 통해 일반화하는 것입니다. 예를 들면, 다양한 생물의 관찰 결과를 통해 '모든 생물체는 세포로 이루어져 있다.'라는 결론을 내리는 것과 같이 관찰 결과를 통해 이를 일반화하는 것입니다. 연역적 탐구 방법은 관찰을 통해 인식된 문제에 대한 답을 얻기 위해 제기된 의문에 대한 잠정적인 해답, 즉 가설을 세우고 이를 검증해 가는 것입니다.

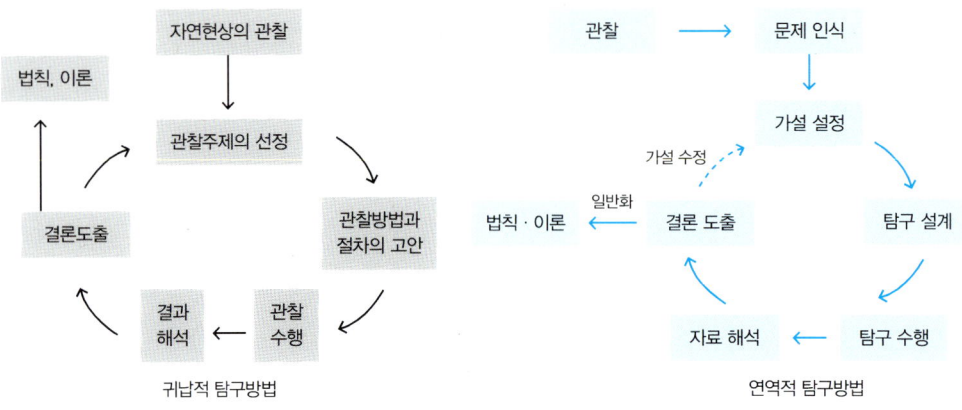

2) 실험 · 실습 수업과 평가 방법

실험 · 실습 수업은 보통 실험의 목표에 도달하기 위한 준비물과 과정이 제시되고 이 과정대로 실험을 수행하였을 때 나타나는 결과를 정리하고 이를 통해 결론을 도출하는 과정이 가장 일반적입니다.

Step1	과정 수행하기

⇩

Step2	결과 및 정리

⇩

Step3	결론 도출하기

실제 학교 현장에서 이루어지는 실험 수업의 세 단계 과정을 정리하면 다음과 같습니다.

1단계 : 문제 인식하고 과정 수행하기

① 실험 실습 목표 인식

② 준비물 확인

③ 결과 예상

④ 실험 과정 수행

2단계 : 결과 및 정리하기

① 실험 결과 기록

② 표나 그래프를 이용한 실험 결과 정리

3단계 : 결론 도출하기

① 토의 및 토론을 통한 결론 도출

② 실험 보고서 작성 및 발표

③ 평가 및 피드백

실험·실습은 자연계 과목 중에서 과학이나 기술·가정 과목에서 가장 많이 이루어집니다. 기술·가정 과목에서는 각종 요리 만들기나 바느질 실습, 오토마타 만들기, 코딩하기 등의 평가가 이루어질 수 있습니다. 과학 과목에서는 교과서에 제시되어 있는 각종 탐구 활동 중에서 실험에 해당하는 내용이 이에 포함됩니다.

실험 수업의 예시로 2015 개정 교육과정 고등학교 통합과학 과목의 한 주제인 '카탈레이스에 의한 과산화수소 분해 실험'을 통해 실험 수업과 그 평가 과정을 살펴보겠습니다. 과제 연구와 달리 '과정중심평가'는 수업시간 중에 이루어지는 여러 가지 활동 과정과 결과(산출물) 인 보고서를 동시에 평가합니다. 주요 평가 방법으로 활동지 평가(교사 평가·과정 평가), 태도 평가(자기평가), 산출물 평가(교사 평가·결과 평가), 발표 평가(동료 평가) 등의 방법을 활용할 수 있습니다. 하지만 이러한 여러 가지 평가 방법 중에서 실제 수행평가 성적에 주로 반영되는 것은 공정성 확보가 가능한, 교사에 의해 이루어지는 평가의 결과입니다. 보통의 경우 자기평가나 동료 평가의 결과는 공정성을 확보하기 어려운 경우가 있으므로 수행평가 성적으로 반영하기보다는 학습의 동기를 부여하거나 자신의 학습에 대한 성찰 기회를 제공하기 위해 이루어집니다. 따라서 본 예시 자료에서는 여러 가지 평가 방법 중 교사에 의한 관찰 평가와 보고서 평가가 성적에 어떻게 반영되는지를 알아보도록 하겠습니다.

① 한눈에 보는 실험 수업 과정과 평가

· 학습 주제: 카탈레이스에 의한 과산화수소 분해 실험
· 학생 능동 수업 유형: 실험, 관찰 유형

수업 안내
1. 모둠 편성: 4인 1조, 이질 집단으로 구성
2. 활동 안내: 탐구 실험 과정 공유 및 생각 나누기

⇩

교수 학습 활동 [수업 전개, 평가 및 발표]		과정 평가
실험 순서 확인	·실험 준비물 및 실험실 안전 유의사항 숙지	·교사 관찰평가 – 실험과정
실험 수행 및 결론 공유	·[활동 1] 카탈레이스에 의한 과산화수소 분해 실험 ·[활동 2] 실험 결과 보고서 작성	

수업 정리 [정리]	과정 평가
·실험 결과 비교 및 분석 ·차시 탐구 활동 안내	·동료 평가 ·보고서 평가(교사)

② 실험 수업 예시

실험 주제 제시

실험 수업에서는 가장 먼저 실험에 대한 주제를 제시해야 합니다. 교과서에 수록되어 있는 대부분의 실험이나 기술·가정 시간에 이루어지는 실습의 경우에는 교과서에 실험 목표와 준비물 및 과정이 친절하게 잘 제시되어 있습니다. 과정을 수행한 후 결과를 정리해서 쓰고, 그 결과를 바탕으로 도출할 수 있는 결론에 대해 생각해서 발표하는 방식으로 수업이 진행됩니다. 다음은 수업 시간에 주어지는 실험 안내문과 학생들의 실제 보고서 예시입니다.

[실험 안내문]
다음의 주어진 실험 기구 및 재료를 적절히 이용하여 제시된 탐구 과제를 과학적 탐구 방법 및 과정에 따라 실험하고, 탐구 활동의 전 과정과 실험 결과 및 결론 등을 실험 보고서에 체계적으로 작성하시오.

1. 탐구 과제
각 야채 속에 들어 있는 카탈레이스의 반응 속도에 대해 알아보려고 한다. 감자, 토마토, 포도 속에 들어있는 카탈레이스의 반응 속도를 측정하여 비교해보자.

다음에 주어진 제시문을 실험 보고서에 포함하여 작성하시오.
[제시된 내용을 모두 수행해야 평가 점수를 잘 받을 수 있으므로 꼭 제시된 과제를 수행해야 합니다.]

(1) 실험보고서에는 가설, 실험 설계, 실험 방법, 실험 결과, 분석, 가설의 검증, 일반화의 과정을 포함하시오.
(2) 조작 변인은 2가지 이상으로 제시하시오.
(3) 실험 결과를 표와 그래프로 나타내보시오.

2. 실험 재료

(조별 활용) 감자, 토마토, 포도, 강판, 막자 사발, 초시계, 눈금 자, 메스실린더, 스포이트, 피펫, 과산화수소수
　　　　　(30%), 핀셋, 디스크
(공동 활용) 전자저울, 모눈종이

□ 유의사항
가. 탐구 과제에 대한 실험 계획과 설계가 끝나면 필요한 실험 재료를 가져간다.
나. 실험 재료 등을 필요 이상으로 사용하거나 잘못 선택하는 경우에는 감점 처리한다.
다. 실험을 하는 과정에서 주위에 있는 다른 모둠의 활동을 참고하거나 피해를 주는 경우에는 감점 처리 한다.
라. 교사가 평가를 위한 질문을 하면 간단명료하게 답한다.
마. 실험이 끝난 후 실험기구들을 잘 정리 정돈한다.

　　실험 안내문이나 교과서를 보고 학생들은 실험을 수행하고 실험보고서를 작성하게 됩니다. 실험 중에는 교사에 의한 실험 과정 관찰 평가가 이루어지며, 최종 보고서를 바탕으로 보고서 평가가 이루어집니다. 다음은 학생들이 직접 작성한 실험보고서입니다.

제목	카탈레이스에 의한 과산화수소 분해 반응		
날짜	20○○년 ○○월 ○○일	실험자	○○○, ○○○, ○○○
목적	카탈레이스의 특성을 알고, 식물에 들어있는 카탈레이스의 반응 속도를 알아본다.		
이론적 배경	효소가 기질과 결합하여 반응이 일어나는 부위를 활성부위(active site)라고 한다. 하나의 효소는 특정한 기질과만 반응하는데 이를 기질 특이성이라고 한다. 효소는 생체 촉매로 화학 반응의 활성화 에너지를 낮추어 화학 반응이 빠르게 일어나게 하는 촉매 역할을 한다. 효소는 화학 반응이 끝나면 생성물과 분리되어 원래의 상태로 돌아가기 때문에 다시 새로운 기질(반응물)과 결합하여 촉매 작용을 반복할 수 있다. 카탈레이스는 과산화수소 분해반응($2H_2O_2 \rightarrow 2H_2O + O_2$)을 촉매하는 효소로 대부분의 생물에 존재한다. 		

실험 과정	1. 실험 기구 · 재료 1) 기구 : 눈금 실린더, 비커, 핀셋, 디스크, 초시계, 막자와 막자사발, 칼, 피펫 2) 재료 : 감자, 토마토주스, 망고주스, 토마토, 포도, 과산화수소 용액 실험 재료에 기구와 재료를 한꺼번에 제시하는 경우가 많지만 실험 기구와 실험 재료를 구분해서 제시해 주는 것이 좋습니다. 2. 가설설정 '원재료인 감자즙, 토마토즙, 포도즙에 적신 디스크가 망고주스, 토마토주스에 적신 디스크보다 상대적으로 빨리 떠오를 것이다.' 또는 '상대적으로 수분이 많은 토마토즙과 포도즙에 적신 디스크가 감자즙에 적신 디스크보다 느리게 떠오를 것이다.' 가설 설정은 보통 생략해도 되지만 실험의 결과를 미리 생각해본다는 측면에서 써주는 것도 좋습니다. 3. 실험과정 및 절차 ① 감자, 토마토, 포도를 각각 막자와 막자사발을 이용하여 디스크를 적실 정도의 즙을 낸다. ② 눈금 실린더에 180mL의 물과 과산화수소 용액 20mL를 섞어 10%의 과산화수소수를 만든다. ③ 3개의 50mL 비커에 10% 과산화수소수 40mL 씩 넣는다. ④ 감자즙, 토마토즙, 포도즙에 적신 디스크를 각각의 과산화수소수에 넣어 떠오르는 시간을 비교한다. ⑤ 토마토 주스와 망고 주스를 막자와 막자사발을 이용하여 디스크를 적실 정도의 즙을 낸다. ⑥ 과정 ③, ④를 실험을 진행하여 반응 속도를 알아본다.

1. 감자, 토마토, 포도의 카탈레이스 반응 실험 결과
감자즙에 적신 디스크는 약 7.75초 만에 가장 빨리 떠올랐으며 토마토즙은 44초, 그리고 포도즙은 171초로 가장 늦게 떠올랐다.

표나 그래프로 나타내라고 할 경우 표보다는 그래프로 나타내는 것이 좋고 표와 그래프를 모두 제시해 주는 것이 가장 좋습니다.

재료	감자즙	토마토즙	포도즙
걸린 시간(초)	7.75	44	171
사진			

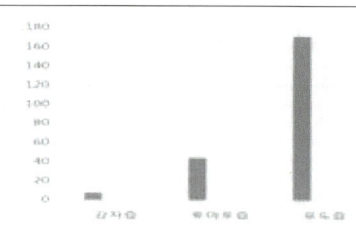

이 그래프에서는 X축과 Y축의 제목을 써주는 것이 좋습니다. 이 그래프의 경우 X축의 제목은 '반응물(기질)의 종류'이고, Y축의 제목은 '디스크가 떠오르는데 걸린 시간(초)'이 됩니다.

2. 토마토 주스와 망고 주스의 카탈레이스 반응 실험
토마토 주스와 망고 주스에 적신 디스크는 아예 떠오르지 않았다.

결론 및 느낀점

1. 결과분석
토마토 주스와 망고 주스에 함유되어있는 성분을 따져보면 여러 화학성분이 섞여있어 카탈레이스 효소 반응을 억제한다고 생각한다. 이에 비해 감자, 토마토, 포도는 원재료이기 때문에 주스들에 비해 반응이 잘 일어났다. 또한 토마토와 포도는 감자에 비해 수분이 많아 카탈레이스 효소가 디스크에 덜 적셔져서 반응이 오래 걸렸다.

2. 궁금한 점
이 외에도 카탈레이스가 퍼옥시좀이라는 세포 소기관 내에 있기에 이 양에 따른 포도, 토마토, 감자의 반응 속도가 다를 것이라고 추측은 되지만 정확한 실험을 하지 못했다. 시간이 된다면 이 또한 추가적으로 실험해보고 싶다.

3. 한계점
식품별 카탈레이스 효소 농도를 측정하지 못해서 농도에 따른 반응 속도를 정확하게 비교하지 못했고 시간이 더 있었다면 주스들도 반응했을 지도 모른다고 생각한다.

실험을 하면서 아쉬웠던 점이나 느낀 점을 적어주면 다음에 자기소개서나 학교생활기록부를 작성하는데 도움이 됩니다.

4. 느낀 점
교과 과정 외의 심층연구실험을 하게 되어 많은 점을 알게 되었다. 감자즙을 적신 디스크가 생각보다 빨리 떠오르는 것을 보고 효소 반응이 이렇게 빨리 일어나는지 관찰할 수 있는 뜻깊은 시간이었던 것 같다. 앞에서 말했듯이 기회가 주어진다면 좀 더 정확하고 세밀한 실험을 해보고 싶다.

③ 실험 수업 평가 방법

실험 수업에서는 실험 과정에 대한 평가와 실험보고서에 대한 평가가 이루어질 수 있습니다. 실험 과정에서는 실험 기구를 올바로 사용하고 있는지, 모둠원 간에 협력은 원활하게 이루어지고 있는지 등의 실험 과정을 평가할 수 있습니다. 실험 보고서 평가에는 실험 결과에 대한 해석이 제대로 이루어졌는지, 표나 그래프를 잘 그렸는지 등을 평가할 수 있습니다. 문제에 대해 학생들이 직접 실험을 설계하고 수행할 경우 과정중심평가에 대한 평가 척도(기준)는 다음과 같습니다.

교사에 의한 활동지 및 산출물 평가 척도 예시

평가영역		평가관점	배점	비고
실험과정 평가 (40%)	실험설계	·실험주제의 선정은 적절한가? ·상호 협력하고 토론하여 실험을 설계하는가? ·실험과정은 적절한가?	6~10	
	실험수행	·실험 기구 및 재료 선택은 적절한가? ·실험 기구를 바르게 활용하고 있는가?	6~10	
	결과처리	·실험 결과를 바르게 처리하는가? ·수립된 자료를 바르게 해석하는가?	12~20	
실험 보고서 (60%)	실험방법	·실험 장치와 실험방법 및 절차가 타당하게 표현되었는가?	12~20	
	자료 해석 및 결론 도출	·실험결과 및 그에 대한 해석이 올바른가? ·정리와 결과 그래프가 올바른가? ·결과를 바탕으로 결론을 도출하였는가?	12~20	
	실험 보고서의 체계성	·보고서가 과학적 탐구과정을 거쳐 체계적으로 작성되었는가?	12~20	
유의점	·팀 구성원의 유기적인 협동 활동을 중시함. ·실험 중에는 참고 서적이나 자료를 지참할 수 없음.			

만약 고등학교에서 주로 하는 실험 도구를 활용한 실험이 아닌 초등학교나 중학교에서 주로 하는 관찰이 주제인 실험이라면 다음과 같은 척도로 평가할 수 있습니다.

평가영역	평가관점	배점	비고
탐구 설계 과정 평가	1. 관찰한 내용이 주제와 일치하고, 관점이 뚜렷한가?	10점	
	2. 관찰 방법이 과학적이며 타당한가?	10점	
탐구 수행 능력 평가	1. 관찰에 충실하며 가능한 많이 관찰하는가?	10점	
	2. 관찰한 사실을 근거로 탐구문제를 푸는가?	10점	
	3. 주제를 탐구적으로 풀어가는가?	10점	
보고서 평가	1. 계획에 따라 관찰하였으며, 관찰 관점이 잘 나타났는가?	10점	
	2. 관찰방법이 과학적이고 창의적으로 이루어 졌는가?	10점	
	3. 관찰내용이 실제 관찰한 사실을 근거로 기록되어 있는가?	10점	
	4. 탐구과정이 올바르고, 타당하게 이루어져 있는가?	10점	
	5. 관찰결과를 그림과 문장으로 기술하였는가?	10점	
유의점	·준비된 내용을 이용하여 보고서를 작성하거나 부정행위를 하였을 때는 0점 처리한다. ·탐구 후 뒤처리가 미흡하였거나 안전 사고 예방에 어긋난 행위를 하였을 경우에는 감점 대상이 되며 핸드폰 등의 전자기기와 서적, 자료 등은 지참할 수 없다.		

교육과정에서는 앞에서 제시한 실험을 바탕으로 효소가 일상 생활이나 산업 현장에서 어떻게 활용되는지에 대한 활동을 추가로 진행하게 됩니다. 이 단원에서 교육과정에 의한 성취기준과 평가준거 성취기준 및 평가 기준은 다음과 같습니다.

교육과정 성취기준	평가준거 성취기준	평가기준	
[10통과05-02]생명시스템 유지에 필요한 화학 반응에서 생체 촉매의 역할을 이해하고, 일상생활에서 생체 촉매를 이용하는 사례를 조사하여 발표할 수 있다.	[10통과05-02-00]생명시스템 유지에 필요한 화학 반응에서 생체 촉매의 역할을 이해하고, 일상생활에서 생체 촉매를 이용하는 사례를 조사하여 발표할 수 있다.	상	생명시스템 유지에 필요한 화학 반응에서 생체 촉매의 역할을 이해하고, 일상생활이나 산업 현장에서 생체 촉매를 이용하는 사례를 조사하여 발표할 수 있다.
		중	생명시스템 유지에 필요한 화학 반응에서 생체 촉매의 역할을 설명할 수 있다.
		하	생명시스템 유지에 필요한 화학 반응에서 작용하는 생체 촉매가 효소임을 말할 수 있다.

이를 바탕으로 학생 활동 누가 기록이 작성될 수 있으며 학생들을 보통 성취 수준에 따라 5단계로 나누어 평가할 수 있고, 성취 수준에 따라 다음과 같이 기록해 줄 수 있습니다.

학생 활동 누가 기록 예시

성취수준	일반적 특성
A	과학적 탐구 능력을 발휘하여 막을 통한 물질의 이동, 카탈레이스 유무에 따른 과산화수소 분해 탐구 활동을 수행할 수 있음. 실험 과정에서 과학적 의사소통 능력을 발휘하여 탐구 활동의 결과를 활용하여 효소가 생명 활동 유지에 어떤 역할을 하는지 설명할 수 있고, 다양한 분야에 활용됨을 표현할 수 있음. 변인식별, 대조군과 실험군 식별 및 이에 근거한 실험 결과를 해석할 수 있음.
B	교사의 도움을 받아 카탈레이스 유무에 따른 과산화수소 분해 탐구 활동을 수행할 수 있음. 실험 과정에서 과학적 문제해결력, 과학적 의사소통 능력을 발휘하여 효소가 생명 활동 유지에 어떤 역할을 하는지 토의하고 생체 촉매로서 효소의 역할을 설명할 수 있음.
C	교사의 안내를 받아 카탈레이스 유무에 따른 과산화수소 분해 실험을 절차대로 수행할 수 있음. 탐구 활동의 결과를 활용하여 생명시스템 유지에 필요한 화학 반응에서 생체 촉매의 역할을 말할 수 있음.
D	교사가 제시한 방법에 따라 카탈레이스 유무에 따른 과산화수소 분해 탐구 활동을 수행할 수 있음. 탐구 활동의 결과를 활용하여 생명시스템 유지에 필요한 화학 반응에서 생체 촉매로 효소가 작용함을 말할 수 있음.
E	교사가 제시한 방법에 따라 카탈레이스 유무에 따른 과산화수소 분해 탐구 활동에 참여하고, 탐구 활동의 결과를 토대로 세포와 세포막, 효소와 생체 촉매 등의 과학적 용어를 사용하여 발표할 수 있음.

성취 수준 이외에도 실험 과정에서 교사의 관찰 평가에 의한 학생들의 특성을 학교생활기록부에 기록을 해줄 수 있습니다. 예를 들어 도구 조작 능력이 뛰어나다든지, 실험 과정에서 다른 모둠원들의 의견을 경청하고, 존중하는 의사소통 역량이 뛰어나다 등의 평가를 해줄 수 있습니다.

3) 1등급을 위한 실험·실습형 평가 팁

① 실험 과정에서의 팁

역할분담

실험 과정 평가가 전체 평가의 40%이므로 모둠원들이 다 함께 실험에 참여하면서 데이터 정리와 수행을 병행하도록 해야 합니다. 실험 수업에서는 장기간의 프로젝트가 아니므로 주어진 시간에 모두 적극적으로 아이디어를 제시하여 협의해야 합니다. 실험 주제, 목표, 가설 설정 등 중요한 관찰이나 측정을 할 때는 같이 하는 모습을 보여야 하고 결과 역시 함께 작성하도록 하여야 합니다.

실험·실습 설계 및 결론 도출

실험을 설계하는 과정에서 변인통제와 대조군 및 실험군의 설정이 매우 중요합니다. 또한 탐구 동기나 목적을 실험 설계에 앞서 정리해 두는 것이 좋습니다. 탐구를 통해 알게 된 내용 및 이를 실생활과 관련지어 이해한 내용을 정리하고, 다음에 무엇을 더 해보고 싶다 등을 적는 것도 결론 도출과 제언을 평가할 때 좋은 성적을 얻을 수 있습니다.

학생들의 토론 과정에서의 의사소통 능력

가설을 세울 때부터 실험 설계, 결과 정리·분석에 이르는 과정이 모두 협력적인 토론 과정이어야 합니다. 학생의 상호작용에 의해 스스로 개념을 정리하고 통합하는 과정에 의미를 부여하기 때문에 학생들이 활발하게 의사소통하는 모습을 보여주는 것이 좋습니다.

실험조작 능력

학교에서는 많은 실험을 통해 실험 기구를 다루는 방법이 익숙한지를 평가합니다. 예를 들어 온도계, 저울 사용법, 부피 측정도구 사용법, 용매에 용질을 녹이는 과정 등 기본적인 실험 기능을 익히도록 지도하기 때문에 평소에 실험 기구를 익숙하게 사용할 수 있도록 집에 구비해두는 것도 좋습니다. 또한 대상에 알맞은 측정 단위를 사용하고, 측정 기구를 바르게 사용하는지도 중요하므로 어떤 측정을 할 때 어떤 기구를 사용해야 하는지도 익혀두는 것이 좋습니다.

실험의 정밀도 높이기

1회의 결과만으로 자신의 가설을 결론으로 이끌지 않도록 주의하고, 3회 이상 결과로 나타난 데이터를 통계 처리하는 연습을 해야 합니다. 그러기 위해서는 기본적인 통계 처리 기능은 익혀두어야 합니다. 정량적인 측정 과정을 통해 실험의 정밀도를 높이고 오차를 최대한 줄이도록 하는 것이 중요합니다.

탐구 과정 중 발생하는 오류나 의문을 항상 기록하는 습관

실험 과정에서 기록 습관은 매우 중요합니다. 실험 결과뿐 아니라 실험 수행 과정에서 발견한 사항이나 의문점, 새로운 실험 방법 등을 정리하도록 하는 습관을 길러주는 것이 좋습니다.

② 실험보고서 작성 팁

앞서 제시된 실험보고서 이외에 좀 더 잘된 실험보고서나 관찰보고서를 참고하고 싶다면 과학교육단체총연합회에서 주관하는 자연관찰탐구대회나 과학탐구실험대회, 고등학교 과학탐구대회의 결과를 참고하면 됩니다. 보통 학교에서 학교 대표를 선발하기 위해서 초등학교나 중학교는 자연관찰탐구대회와 과학탐구실험대회의 교내 예선대회를 개최하고, 고등학교의 경우에는 고등학교과학탐구대회 교내 예선대회를 개최하기 때문에 이를 위한 준비에도 도움이 됩니다. 다음과 같은 과정을 따라해 보는 것도 좋습니다.

① 각종 포털 사이트에서 '한국과학교육단체총연합회'를 검색합니다.

② 누리집(홈페이지)에서 왼쪽 보조단에 있는 대회 중에서 하나를 선택하고 대회의 요강을 살펴봅니다.

③ 상단에 있는 자료실에서 학생대회를 선택해서 클릭합니다.

④ 목록에서 보고 싶은 보고서를 선택합니다.

번호	제목	다운	조회	등록일
129	2016년 과학동아리활동발표대회 최우수 요약보고서	2,610	3,456	2017.04.14
128	2016년 자연관찰탐구전국대회 최우수 보고서	10,357	9,383	2017.04.14
127	2016년 과학탐구실험전국대회 최우수 보고서	7,077	6,856	2017.04.14
126	2016년 고등학교과학탐구전국대회 최우수 보고서	2,143	1,787	2017.04.14
125	2015년 자연관찰탐구전국대회 최우수 보고서	6,387	5,577	2017.04.14
124	2015년 과학동아리활동발표대회 최우수 요약보고서	686	782	2017.04.14
123	2015년 과학탐구실험전국대회 최우수 보고서	4,417	4,056	2017.04.14
122	2015년 고등학교과학탐구전국대회 최우수 보고서	1,051	990	2017.04.14
121	2014년 자연관찰탐구전국대회 최우수 보고서(초등)	3,401	3,564	2017.04.14

⑤ 첨부된 보고서를 다운 받습니다.

제목	2016년 과학탐구실험전국대회 최우수 보고서
작성자	과고등
등록일	2017.04.14
첨부	과탐실험-중등.pdf [1199KB]
첨부	과탐실험-초등.pdf [950KB]

2016년 과학탐구실험전국대회 최우수 보고서

[수정] [삭제] [목록]

9
수업 유형별 가이드 팁: 프로젝트형
(자유탐구, 과제연구 등 노력이 많이 요구되는 활동의 평가)

1) 프로젝트형이란?

프로젝트란 비교적 긴 시간 동안 학생들이 자유롭게 주제를 정하여 과제를 수행하는 활동을 말합니다. 중학생들이 자유학기제에 수행하는 자유탐구나 교과서에서 제시된 탐구활동 중 프로젝트가 이 활동에 속합니다. 학교에서 교내 대회로 열리는 과제연구 대회나 소논문 작성 대회 등도 프로젝트형이라고 볼 수 있습니다. 대주제가 먼저 주어지고 자신들이 소주제를 정해서 수행하거나 아무런 주제를 주지 않고 자신들이 주제를 정하여 수행하는 두 가지 방식으로 구분할 수 있는데, 정규 수업시간에 이루어지는 프로젝트형 수업은 대부분 큰 주제는 주어지고 그에 따른 소주제를 탐구하는 방식으로 이루어집니다. 대주제를 주지 않을 경우 재료 준비에 어려움을 많고, 너무 다양한 주제는 평가에도 어려움을 주기 때문입니다. 특히, 고등학교에서는 교육 과정에서 성취해야 할 성취기준에서 벗어나지 않도록 큰 주제를 주어야 합니다.

프로젝트형은 교과 과목과 연계하여 한 학기나 몇 시간 동안 프로젝트를 수행한 후 결과물을 평가하는 방식으로 장기적인 활동이 필요하고 모둠원들과 함께 활동을 수행하기 때문에 역할 분담과 상호협력이 필요한 활동입니다. 보통 입시 과목이나 일반 과목에서는 진도에 대한 부담이 있기 때문에 한 학기나 몇 시간을 할애해서 프로젝트를 수행하기는 어렵습니다. 따라서 3~4시간이 소요되는 활동이나 과학 실험이나 창의적 체험활동과 같은 시간을 활용해서 한 학기나 1~2달 동안 과제를 수행하는 활동을 할 수 있습니다. 장기간 동안 수행되는 활동이므로 단순히 산출물만으로 평가하지 않고 중간 단계별로 평가하는 경우가 많습니다. 외국의 경우 초등학교 고학년부터 매 학기마다 '나만의 책쓰기' 활동을 통해 프로젝트 활동을 하는 경우도 있지만 우리나라 고등학교에서는 현실적으로 어려움이 따릅니다. 프로젝트 유형의 경우 입시 과목보다는 미술이나 과학 실험과 같은 과목에서 진행됩니다. 프로젝트 유형과 연구 보고서 유형이 비슷해 보이지만 프로젝트 유형이 좀 더 장기간 동안 이루어지고 교과와 관련된 하나의 주제로 산출물을 만들어낸다는 것에서는 차이가 있습니다. 따라서 프로젝트 유형에서 1등급을 받으려면 전체 과제를 단계별로 나누어 각 단계별 과정이 제대로 수행되고 있는지를 지속적으로 관리해야 합니다. 프로젝트 계획서를 차시별로 작성하고 수행 여부를 자기평가를 통해 확인하는 것이 좋습니다.

　프로젝트는 개인 과제가 아니라 모둠 과제로 수행되므로 모둠원들과의 의사소통이 제대로 이루어져야 합니다. 예전에는 과제형 프로젝트의 경우 방과 후나 휴일을 이용하여 모둠원들이 모여서 과제를 수행해야 했기 때문에 모임 시간이 중요했습니다. 하지만 수업 시간 내에 이루어지는 과정형 프로젝트의 경우 방과 후나 휴일에 따로 시간을 갖는 것이 아니라 주어진 수업 시간 내에 이루어집니다. 따라서 주어진 시간 내에서 활동을 하려면 수업 시간 내에 모둠원들과의 의사소통과 협력이 매우 중요합니다. 학생들마다 개인적인 특성과 역량이 다르기 때문에 프로젝트 과제를 수행할 때에는 모둠원들의 능력을 고려하여 역할 분담을 하는 것이 중요합니다. 이때 과제를 균등하게 1/n 로 나누는 것보다는 각자 할 수 있는 만큼의 역할을 부여해주는 것이 좋습니다. 모둠의 리더 역할을 하면 프로젝트 수행 과정에서 자신의 리더십을 나타낼 수도 있습니다. 또한 아래에 제시한 것처럼 대입 자소서 공통 문항 2번과 3번에 맞는 활동 내용으로 기재할 수도 있습니다.

"고등학교 재학기간 중 본인이 의미를 두고 노력했던 교내활동(3가지 이내)을 통해 배우고 느낀 점을 중심으로 기술해 주시기 바랍니다. 단, 교외 활동 중 학교장의 허락을 받고 참여한 활동은 포함됩니다(띄어쓰기 포함 1,500자 이내)."

"학교생활 중 배려, 나눔, 협력, 갈등관리 등을 실천한 사례를 들고, 그 과정을 통해 배우고 느낀 점을 기술해 주시기 바랍니다(1,000자 이내)."

연구 보고서와 마찬가지로 진로와 연관된 활동을 통해 의미를 부여하는 것도 좋고 협력과 갈등관리의 사례로 활용하는 것이 좋습니다. 모둠원들이 협조를 안해서 힘들었던 경험도 오히려 갈등관리의 좋은 사례로 활용할 수 있습니다.

2) 프로젝트형 수업과 평가 방법

프로젝트는 비교적 긴 시간에 이루어지기 때문에 중간 중간에 다양한 활동이 이루어지게 됩니다. 한 가지 활동만으로 이루어지기 보다는 몇 단계나 몇 가지 활동을 통해 진행됩니다. 과정별로 산출물이 다양하게 나오며 최종 산출물도 보고서, 포트폴리오, 시작품 등 다양합니다. 소논문 발표 대회나 자유탐구 발표 대회 형태로 진행되는 경우에는 대부분 보고서 위주의 평가가 진행되지만 학교 정규 수업시간에 이루어지는 경우는 활동과 중간 및 최종 산출물을 종합적으로 평가하여야 하므로 매 시간 다양한 활동이 이루어지게 됩니다. 자유탐구나 소논문 작성을 기준으로 그 과정을 나타내면 다음과 같습니다.

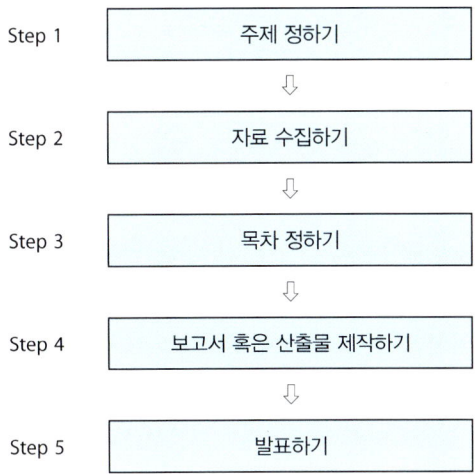

프로젝트 수업의 과정

Step 1	주제 정하기
⇩	
Step 2	자료 수집하기
⇩	
Step 3	목차 정하기
⇩	
Step 4	보고서 혹은 산출물 제작하기
⇩	
Step 5	발표하기

　　프로젝트형 수업은 시간이 많이 소요되므로 정규 교육과정에 잘 활용되지 않을 거라 생각하지만 2015 개정 교육과정에서는 기술, 가정 과목 이외에 정보 과목이 신설되고, 고등학교 과학에서도 과학탐구실험 과목이 신설되었기 때문에 이 과목에서 충분히 이루어질 수 있습니다. 현재 무용시간에 모둠별 작품 만들기 활동도 일종의 프로젝트 수업이라고 볼 수 있습니다.

　　실험 수업의 예시로 성취기준 '인류 문명의 지속가능한 발전을 위한 신재생 에너지 기술 개발의 필요성과 파력 발전, 조력 발전, 연료 전지 등을 이해하고, 에너지 문제를 해결하기 위한 현대 과학의 노력과 산물을 예시할 수 있다.'라는 성취기준의 탐구활동으로 '지속가능한 친환경 에너지 도시를 설계하고, 친환경 에너지 도시에서 환경오염, 지구 온난화 문제 등을 해결하는 방안 구상하기'라는 프로젝트형 수업을 어떻게 진행할 수 있는지를 살펴보기로 하겠습니다. 프로젝트형 수업에서 학생들은 창의적인 사고 능력을 발휘할 수 있어서 영재교육의 마지막 단계에서 산출물 발표대회를 통해 학생들을 평가하기도 합니다.

① 한눈에 보는 실험 수업 과정과 평가

· 학습 주제: 에코타운 모형 제작

· 학생 참여 수업 유형: 프로젝트 유형

수업 안내
1. 모둠 편성: 4인 1조, 이질 집단으로 구성 2. 활동 안내: 탐구 실험 과정 공유 및 생각 나누기

⇩

교수 학습 활동		과정 평가
문제 인식	·해결과제 인식	·교사 관찰평가
주제 정하기	·대주제에 따른 소주제 정하기	
자료 수집	·과제 해결을 위한 자료 수집 ·모둠 토의	
작품 제작	·[활동 1] 마인드맵 제작 활동 ·[활동 2] 역할 분담 및 스토리텔링 ·[활동 3] 에코타운에서의 개별 건축물 설계하기 ·[활동 4] 에코타운 조감도 제작하기 ·[활동 5] 에코타운 모형 제작하기 ※ 활동별 발표 및 평가	·교사 관찰평가 - 실험 과정 ·중간 산출물 평가(교사평가) ·동료 평가
발표하기	·최종 산출물 발표 및 평가	

⇩

수업 정리 [정리]	과정 평가
·실험 결과 비교 및 분석 ·차시 탐구 활동 안내	·동료 평가 ·최종 산출물 평가(교사평가)

② 실험 수업 예시

실험 주제 제시

실험 수업에서는 가장 먼저 실험에 대한 주제를 제시해야 합니다. 전통적인 실험 수업의 경우에는 교과서에 실험 목표와 준비물 및 실험 과정이 제시되어 있습니다. 그리고 과정을 수행하면서 나타나는 결과를 적고, 그 결과를 바탕으로 도출할 수 있는 결론에 대해 생각해 보고 발표하도록 수업이 진행됩니다. 다음은 수업 시간에 주어지는 실험 안내문과 학생들의 실제 보고서 예시입니다.

---

1. 탐구 목표
   지속 가능한 친환경 에너지 도시를 설계하여 모형을 제작하고 발표할 수 있다.

2. 과정
(1) 신재생 에너지의 종류와 필요성을 조사하기
   인터넷이나 기타 자료를 이용하여 연간 에너지 사용량과 에너지 매장량을 조사하여 계산한다.
(2) 지구온난화에 대해 토의하기
   각자 조사해온 참고자료 및 매스컴에서 접해본 기사를 참고하여 평소에 관심이 있었던 지구의 환경문제 및 신재생에너지에 대해 모둠별로 자유롭게 토의하고 정리해본다.
(3) 〈활동1〉 브레인스토밍 기법을 통하여 에코타운 모형제작에 적용할 신재생 에너지를 선정하고 모둠별로 활동지 1을 완성한다.
(4) 〈활동2〉 모둠별 토의과정을 거친 후 역할을 분담하고, 모둠별 작품계획을 작성하고 이를 설명하는 활동지2를 완성한다.
(5) 〈활동3〉 에코타운 모형을 구성하는 건물 및 시설물 등을 스케치하고 각 부분에 사용되는 재료를 정리해본다.
(6) 〈활동4〉 에코타운 조감도를 제작한다.
(7) 에코타운 모형 제작
   모둠별로 계획한 디자인에 맞게 준비된 재료를 사용하여 모형을 제작한다.

- 주제를 효과적으로 표현할 수 있는 재료와 방법을 선택한다(재활용품을 적극 활용할 수 있도록 한다).
- 주변 공간과 구성물들이 조화를 이루도록 색, 형태, 크기, 안정성을 고려하여 제작하도록 한다.
- 전체와 부분이 조화를 이룰 수 있도록 배치한다.
- 실제 모형을 제작하면서 공간의 성격이 잘 드러나도록 유의하고 완성된 작품은 모둠회의를 통해 개선할 점 및 보완점을 찾도록 한다.

(8) 작품을 발표하고 평가해보자.

[예시] 에코타운 만들기

활동 1. 에코타운 모형 제작에 적용할 자연에너지 선정 : 마인드맵

학생용
1차시

에코타운 모형 제작

활동 1	에코타운 모형 제작에 적용할 자연에너지 선정

모둠명 (쌀과) 이지연, 김남아
박희정, 강민지

* 평소에 관심이 있었던 지구의 환경문제 및 자연에너지에 대해 자유롭게 얘기하고 모둠별로 자신의 생각을 정리하여 포스트잇에 적어 붙여 보거나 마인드맵을 이용하여 정리하여 봅니다.
* 비슷한 분야로 분류하고 자유로운 토의를 통해 각 모둠의 에코타운모형 제작에 적용할 환경 친화적인 자연에너지를 선정합니다.

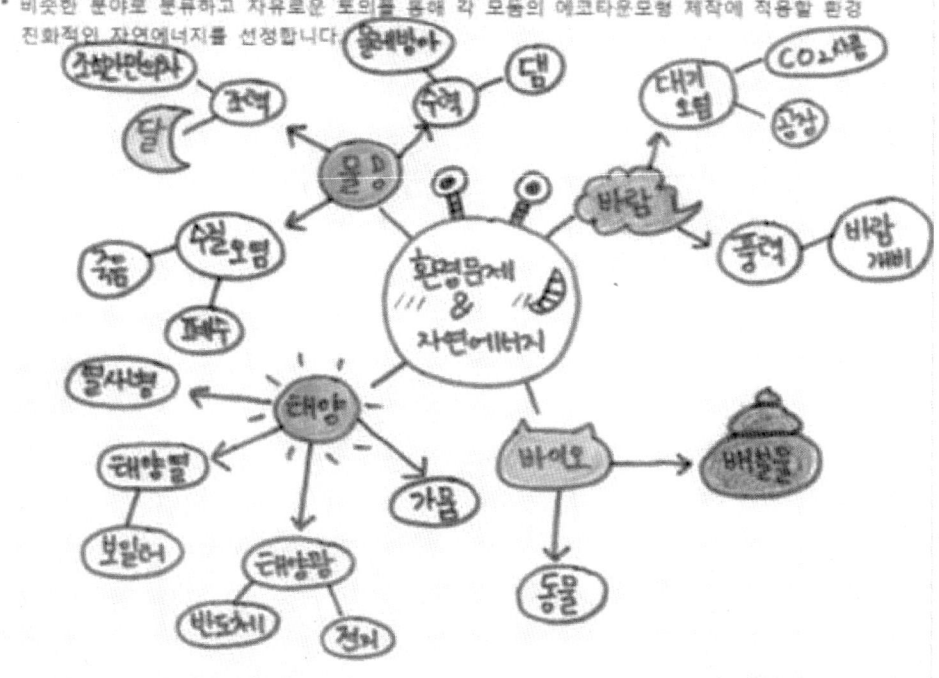

정리 | 자료를 찾아보며 환경문제의 심각성을 깨닫고 이를 해결할수 있는 자연에너지를 알게되며 이를 제작함으로써 이용용도 와 환경에 끼치는 깊은 영향들을 알게되는 시간을 가졌다.

활동 2. 모둠별 작품 계획서 I

모둠명		구성원	
역할분담			
모둠별 에코타운 모형에 대한 설명			

활동 3. 모둠별 작품 계획서 II

모둠명				
에코타운을 구성하는 각 건물이나 시설의 아이디어 스케치 및 사용되는 재료, 건축계획에 대하여 간략하게 정리	①		②	
	③		④	
	⑤		⑥	
	⑦		⑧	
	⑨		⑩	

작품계획서Ⅱ

모둠명	가연, 지혜, 규리, 진이	

에코타운을 구성하는 각 건물 및 시설의 아이디어 스케치 및 사용되는 재료, 건축계획에 대하여 간략하게 정리

① 한국의 전통인 황토와 세련된 디자인을 접목함.

② 친환경 에너지를 사용한 풍력발전으로 전기를 생산.

③ 계단식 다세대 주택으로 재량에 잔디밭을 조성.

④ 재생에너지를 이용한 태양열 발전기

⑤ 시민들을 위한 친환경 휴식공간

⑥ 강을 따라 걷는 산책로

⑦ 폭포

⑧ 가을 단풍 나무와 은행나무

⑨ 공원

⑩ 깨끗한 강

활동 4. 에코타운 조감도 제작

에코타운 조감도   모둠명(   )

[예시] 수업에서의 모형 제작

③ 프로젝트형 평가 방법

프로젝트형 수업에서 평가는 수시로 이루어질 수 있는데, 각 단계별로 평가하거나 활동별로 평가할 수 있습니다. 최종 보고서만으로 평가하는 경우 실제 과정형 평가라고 할 수 없기 때문에 수시 평가가 이루어져야 합니다. 장기간 이루어지는 수업이므로 무엇보다 모둠원들 간의 협력이 원활하게 이루어져야 합니다. 따라서 모둠원들 간에 협력은 제대로 이루어지고 있는지, 분담된 역할은 각자 제대로 수행하고 있는지 등을 종합적으로 평가해야 합니다. 최종 산출물의 종류에 관계없이 지속적인 평가가 이루어져야 합니다. 일반적인 산출물 제작 및 발표에 대한 평가 기준은 다음과 같습니다.

산출물 제작 및 발표에 대한 평가 기준

평가영역	평가기준	평가수준		
		상	중	하
산출물 제작 및 발표	실생활에 적용 가능한 디자인인가?			
	알맞은 표현 및 재료를 선택하였으며 계획한 디자인대로 제작되었는가?			
	모둠원이 협동, 배려, 존중하며 조화롭게 표현하였는가?			
	완성된 작품의 표현의도 및 제작 과정, 제작상의 주안점을 조리 있게 발표하였는가?			
	신재생 에너지의 특징을 이해하고 적용하여 계획하였는가?			
	친환경적인 우리 마을 디자인에 알맞은 신재생 에너지를 선정하여 적용하였는가?			
	자연환경과 조화로운 에코타운이 설계, 제작이 되었는가?			

평가 결과에 따른 피드백 자료

평가 결과	평가 결과에 따른 피드백 자료
상	미래에 적용 가능한 에코타운에 대한 아이디어가 실생활에 적용 가능하며, 호기심을 가지고 적극적으로 과제에 임하였으므로 에너지 문제를 해결하기 위한 현대 과학의 노력과 산물의 예시를 더 찾아 보게 한다.

중	미래에 적용 가능한 에코타운에 대한 아이디어가 실생활에 적용 가능하고 호기심을 가지고 있지만, 과제에 임하는 자세가 다소 소극적이므로 과제를 해결하기 위한 적극적인 자세를 기르게 한다.
하	미래에 적용 가능한 에코타운에 대한 아이디어가 실생활에 적용하기에 다소 부족하고 호기심과 과제에 임하는 자세가 부족하므로 친환경적인 우리 마을 디자인에 알맞은 신재생에너지를 다시 선정하여 적용해 보게 한다.

학생 활동 누가 기록 예시

성취수준	일반적 특성
A	과학적 탐구 능력을 발휘하여 신재생 에너지를 조사하고 화석 연료 고갈과 온난화 등 지구 환경보호의 측면에서 가지는 문제점에 대한 토의에 적극적으로 참여하며 신재생 에너지를 이용한 에코타운을 설계하고 제작할 수 있다. 인류가 화석 연료 외에 다른 에너지원을 사용하여 전기 에너지를 얻는 다양한 신재생 에너지 기술을 이해하고 지속 가능한 발전을 위한 현대 과학의 노력이 필요함을 설명할 수 있다.
B	교사의 도움을 받아 신재생 에너지를 조사하고 신재생 에너지를 이용한 에코타운을 설계하고 제작하는 탐구활동을 수행할 수 있다. 인류가 화석 연료 외에 다른 에너지원을 사용하여 전기 에너지를 얻는 다양한 신재생 에너지 기술을 이해하고 지속 가능한 발전을 위한 현대 과학의 노력이 필요함을 설명할 수 있다.
C	교사의 안내를 받아 신재생 에너지를 조사하고 신재생 에너지를 이용한 에코타운을 설계하고 제작하는 탐구활동을 절차대로 수행할 수 있음. 탐구 활동의 결과를 활용하여 다양한 신재생 에너지 기술을 이해하고 지속 가능한 발전의 필요성을 설명할 수 있다.
D	교사가 제시한 방법에 따라 신재생 에너지를 조사하고 신재생 에너지를 이용한 에코타운을 설계하고 제작하는 탐구활동을 수행할 수 있다. 탐구 활동의 결과를 활용하여 다양한 신재생 에너지 기술에 대해 설명할 수 있다.
E	교사가 제시한 방법에 따라 신재생 에너지를 조사하고 신재생 에너지를 이용한 에코타운을 설계하고 제작하는 탐구활동에 참여하고, 탐구활동의 결과를 토대로 다양한 신재생 에너지 기술이 있음에 대해 말할 수 있다.

3) 1등급을 위한 프로젝트형 평가 팁

① 보고서(소논문) 잘 작성하는 법

주제 정하기

보고서를 작성할 때 가장 먼저 이뤄지는 것이 주제 선정입니다. 과제 보고서의 경우 교사가 주제를 주고 똑같은 주제로 작성하기도 하기만, 학생들의 창의성과 문제해결 능력을 알아보고자 할 경우에는 특정한 주제를 제시하지 않고 자유 주제로 작성하게 합니다. 이 경우 가장 중요한 것이 주제의 선정입니다. 주제 선정을 잘 하는 것은 보고서 작성 활동이 원활히 진행될 수 있는 바탕이 되기 때문에 무척 중요합니다. 주제 선정을 잘못하면 보고서 전체가 엉망이 되거나 보고서 작성 도중에 다시 주제를 정해야 경우가 생기기도 합니다. 인문계열 보고서와 달리 자연계열 보고서는 직접 실험이나 탐구를 통해 결론을 도출하는 과학 탐구 절차를 따르는 경우가 대부분입니다. 중학교에서 시행하는 자유학기제나 최근에 융합인재교육(STEAM)에서도 학생들이 직접 실험이나 과제를 설계하고 수행하는 과정을 강조하고 있습니다. 따라서 학생들이 주제를 잘 정하는 것은 좋은 보고서 쓰기의 첫걸음인 동시에 가장 중요한 과정이라고 할 수 있습니다.

주제 선정이 중요함에도 불구하고 학생들이 주제를 제대로 선정하지 못하는 이유는 여러 가지가 있습니다. 첫째, 한 번도 주제를 스스로 선정해보지 못했기 때문입니다. 기존 과학 실험의 경우 주어진 실험 주제와 과정에 따라 실험하고 나오는 결과를 그대로 기록하면 됩니다. 이 경우 모든 학생들은 동일한 결과를 얻게 되고, 결과에서 생기는 오차만큼 감점이 됩니다. 이처럼 우리나라 대부분의 학생들은 수동적인 탐구 수행 과정에 익숙해져 있습니다. 이는 스스로 주제를 정해서 탐구할 기회를 갖지 못했기 때문입니다. 둘째, 가설 설정에 대한 경험이 부족하기 때문입니다. 학생들이 정한 가설로 탐구를 수행할 경우 주제에 대한 사전 지식이 부족하거나 실험 방법이 실현 가능한지 가늠하기가 어려운 경우가 많습니다. 학생들이 중도에 포기하거나 탐구 도중에 주제를 바꾸는 것이 바로 이 때문입니다. 학생들이 정한 주제의 탐구가 실현 가능한지, 학생 수준에 맞는지를 파악하는 것은 아주 중요합니다. 셋째, 진로에 대한 불확실성 때문입니다. 자유 주제 탐구에서 주제를 선정할 때에는 자신의 진로와 부합하는 주제를 선정해야 합니다. 만약 학생의 진로가 물리학인데, 생태나 환경 쪽으로 주제를 정한다면 이는 대학 입시에 별다른 도움이 되지 않을 수도 있습니다. 자신이 진학할 전공에 맞는 주제를 정해야만 입시에 도움을 받을 수 있습니다.

주제 선정에 있어서 유의해야 할 사항은 다음과 같습니다.

- 실제로 수행할 수 있는 주제인가?

- 재료 등은 쉽게 구입할 수 있는가?

- 인터넷에서 답을 바로 찾을 수 있지는 않은가?

- 이미 연구되어 있는 주제는 아닌가?

효과적인 주제 선정을 위해서는 다음의 3단계 활동을 통해 주제를 정하는 것이 좋습니다.

〈1단계〉 아래의 보기 중 연구 활동을 하고 싶은 대상이나 사물을 선택하고, 구체화된 대상이나 사물을 적어보세요.
신체, 사람, 동식물, 자연, 생활/문화, 기타
예) 자연 – 식충식물

〈2단계〉 위의 사물이나 대상 중 하나를 선택하여 주제를 10가지 적어보세요.
예) 식충식물은 어떤 종류의 먹이를 먹을까?

〈3단계〉 위에서 정한 주제 중 유의 사항을 고려하여 가장 적합한 주제 3가지를 고르시오.

위 단계를 거쳐 탐구하고자 하는 주제를 정합니다. 이때 담당 교사에게 실험 방법이나 연구 범위가 학교나 가정에서 충분히 실현 가능한 주제인지에 대한 점검을 받아야 합니다. 이를 모르는 상태에서 진행하다가 학교나 가정에서 도저히 해결할 수 없어 교사에게 도움을 구해도 해결해 주지 못할 경우가 많습니다. 따라서 주제 선정 단계부터 교사의 도움을 받아 주제를 선정해야 합니다. 그리고 생각한 주제가 이미 연구된 주제인지 아닌지는 다양한 경로를 통해 확인해야 합니다. 이미 연구되어 결과가 명확하게 나와 있는 주제라면 굳이 연구할 필

요가 없기 때문입니다. 또한 연구할 가치가 없거나 과학적으로 입증이 불가능한 주제를 선정하면 안 됩니다. 예를 들어 '피라미드의 신비'라든지 '혈액형과 성격과는 상관관계가 있을까?' 등의 주제는 과학적으로 증명해내기가 어렵습니다. 주제들 중에서 예전에는 실험이 불가능했지만 과학이 발달함에 따라 가능한 것도 있으므로 이런 주제들을 선정할 때도 전문가의 도움을 받는 것이 좋습니다. 전문가의 도움을 받기 힘들더라도 최근에는 인터넷이나 참고 자료를 통해 쉽게 정보를 접할 수 있기 때문에 이들을 이용하는 것도 한 방법입니다. 이미 연구된 주제인지를 확인하는 방법에는 여러 가지가 있지만 가장 효과적인 방법은 학술연구정보서비스(www.riss.kr)를 이용하는 방법입니다.

자료 수집하기

자료 수집과 관련해서는 조사 · 발표형의 팁을 참고하시기 바랍니다.

목차 작성하기

목차 작성은 연구 전체의 순서를 정리하는 과정으로 개요 작성과 유사한 역할을 합니다. 일반적인 학생 보고서 목차는 다음과 같습니다.

1. 연구동기 및 목적
2. 이론적 배경
3. 연구내용 및 방법
4. 연구결과
5. 결론
6. 활용 및 전망
7. 참고 문헌

위 목차 아래에 각각의 세부 목차 소제목을 작성하고 들어갈 내용을 간단하게 메모합니다. 이론적 배경에는 연구하고자 하는 주제와 관련된 소재나 이론을 2~3개 정도 골라서 2~3페이지 이내로 작성하기 위해 어떤 내용이 들어가야 할지 구상해서 메모해 둡니다.

연구방법에는 자료 수집 단계에서 찾은 유사한 연구의 방법을 참고하여 어떤 내용을 어떻게 연구할 것인지 구상해서 기록합니다. 연구내용의 주제 개수만큼 연구방법이 나와야 합니다. 초, 중학생의 연구방법은 그 연령대에 맞는 창의적이고 독창적인 연구방법을 구상하는 것이 좋지만 고등학생의 연구방법은 기존 학위 논문이나 학술지에 나오는 연구방법을 그대로 따르는 것이 좋습니다. 표준화된 연구방법으로 실험이나 탐구를 해야 연구에 대한 신뢰도가 높아지기 때문입니다. 인문계열의 학생들이 주로 하는 탐구 보고서에서 설문지를 작성할 때에도 기존의 논문에서 사용한 설문지를 그대로 사용하는 것이 좋습니다. 설문지는 신뢰도와 타당도 검사를 통해 검증된 설문지를 사용해야 연구 가치를 인정받기 때문에 기존에 제작된 설문지를 조금만 변형해서 사용하는 것이 좋습니다.

연구결과는 각 연구방법에 따른 결과를 기록해야 합니다. 따라서 몇 가지 결과가 나올지를 예상해서 소제목을 작성해야 합니다.

보고서 작성하기

보고서의 개요를 구상하고, 목차의 소제목에 맞게 보고서를 써나가면 됩니다. 자료 수집과정이나 기존 논문 자료 검색 과정에서 수집한 자료를 참고해서, 목차의 소제목에 맞는 내용을 써야 합니다. 한 번에 완성해야 한다는 생각보다는 '초고를 완성한다.'라는 생각으로 작성하고 수정과 교정을 거쳐야 합니다.

자연계열 보고서의 본문을 작성할 때는 반드시 자신들이 실험하거나 조사한 내용이 들어가야 하며 학교 레포트용 보고서라 하더라도 표절을 해서는 절대로 안 됩니다. 자료 수집 단계에서 수집한 자료의 인용과 표절은 엄격히 다릅니다.

인용이란 남의 글과 말을 빌려 쓰는 것을 의미합니다. 보통 말이나 글 중에 인용하는 방법은 인용하는 문장의 시작과 끝을 밝히고 큰 따옴표(" ")나 작은 따옴표(' ')에 인용한 문구를 넣으면 됩니다. 참고 자료에서 인용한 경우는 출처를 반드시 밝혀야 합니다. 출처는 논문, 보고서, 신문 자료, 서적, 인터넷 웹자료 등 다양하게 있습니다. 이들 출처는 보고서의 마지막에 참고 문헌으로 기록해야 합니다. 기본적인 소논문 작성 요령은 다음과 같습니다.

소논문 작성 요령

Ⅰ. 작성 요령

1) 제목은 간결하고 논문 전체의 뜻을 대표할 수 있어야 하며, 가급적 부제를 붙이지 않는다.

2) 실험이나 연구 결과를 보고서로 작성하는 자연계(이과) 보고서는 서론, 재료 및 방법, 결과, 결론, 고찰 순으로 작성한다.

3) 실험이나 직접 연구 없이 문헌이나 자료 조사를 통해 작성하는 보고서는 보통 서론, 본론, 결론으로 작성할 수 있다.

4) 본문 뒤에 참고문헌과 부록을 표기한다.

Ⅱ. 표와 그림

1) 자연계 논문에 있어서 표와 그림의 표제 및 설명은 외국어문으로 기술함을 원칙으로 하고 표의 제목은 상단에, 그림의 제목은 그림의 하단에 기술하되, 첫글자만 대문자로 표기한다.

(예) Table 3. Physical properties of complexes. Fig. 3. Infrared spectra of comlexes.

2) 인문, 사회계에서 국 · 한문으로 표 또는 그림의 표제나 설명을 기술할 때에도 그 위치는 ①에 준하되, 표는 다음 예에 따른다.

(예) 표 1. …또는 표 2.…. (괄호 등을 붙이지 않음)

3) 동일 논문 내에서는 표와 그림은 각기 일련번호를 붙인다. (표 1-1, Fig1-2 등은 불가)

Ⅲ. 참고 문헌(References)

1) 참고 문헌은 인용 순서대로 일련번호를 붙여 작성한다.

2) 인문사회계의 참고 문헌란에는 각주에서 인용한 것 이외의 문헌을 수록할 수 있다.

3) 단행본과 잡지의 명은 italic체로 표기하고 잡지의 표기는 그 잡지의 고유 줄임 표기법으로 표기한다.

---

② 과학전람회 사이트를 이용한 보고서 참고하기

학생 수준에서 잘 작성된 보고서나 소논문을 참고하고 싶다면 전국과학전람회 수상작을 참고하면 도움이 됩니다.

① 포털 사이트에서 국립중앙과학관 (http://www.science.go.kr/)을 검색합니다.

② 상단 메뉴에서 「경진대회」에서 「전국과학전람회」를 선택합니다.

③ 왼쪽 메뉴에서 전람회 통합 검색을 선택합니다.

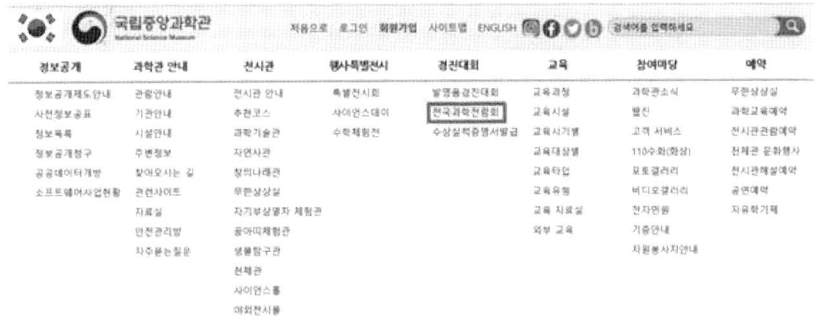

④ 검색어에 연구하고자 하는 주제와 비슷한 검색어를 입력합니다.

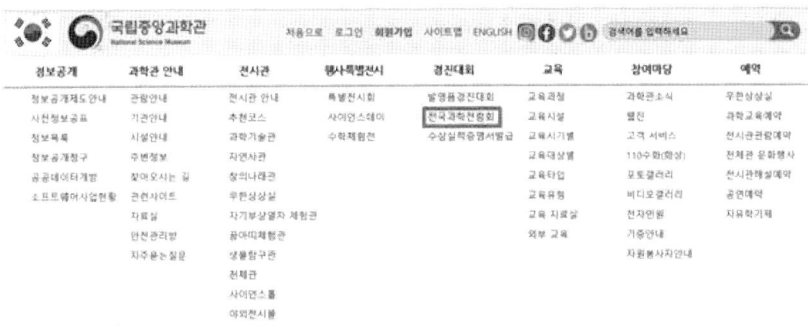

⑤ 제목을 클릭하고 첨부 파일을 다운 받습니다.

이렇게 하면 전국과학전람회에서 장려상 이상 수상한 작품의 원본을 다운 받을 수 있습니다.

10
수업 유형별 가이드 팁: STEAM형
(창의 · 융합형 인재 양성에 강조되는 평가)

1) STEAM이란?

　단일 학문으로서의 과학 교육은 교과 내용이 세부적으로 학습되는 수준의 교육입니다. 현재 과학 교육은 다른 과목의 다양한 학습상황에서 적절하게 적용되지 못한다는 한계를 가지고 있습니다. 단일 학문에 대한 지식 학습능력은 뛰어났을지 모르지만 다양한 실생활의 문제를 해결하기에는 역부족이었습니다. 이에 다양한 상황 속에서 문제를 해결할 수 있는 창의융합형 인재가 필요한 제4차 산업혁명 시대에는 STEAM 교육이 절대적으로 필요합니다. STEAM이란 Science(과학), Technology(기술), Engineering(공학), Arts(예술), Mathematics(수학)로 기존 미국 과학 교육의 한 흐름이었던 STEM(Science, Technology, Engineering, Mathematics) 교육과정에 Arts(예술)가 통합된 형태의 교육과정입니다. 창의성 교육과 학생의 참여를 기본으로 하는 STEAM 교육은 다양한 교과의 지식을 단편적으로 활용하기보다는 다양한 각도에서 문제를 바라보고 해결할 수 있는 능력을 기를 수 있게 해줍니다. STEAM 교육은 실생활 문제를 해결하는 과정 속에서 학생들이 직접 참여하고, 의견을 제시하고, 문제를 해결할 수 있기 때문에 제4차 산업혁명을 주도할 창의융합형 인재로 성장할 학생들에게 가장 적합한 교수학습방법입니다.

2015 개정 교육과정 과학과 총론에 따르면 과학 교사의 과학(Science) 수업 설계 단계에서 학생이 실제로 겪는 일상의 경험과 관련이 있는 과학적 상황을 제시하면서 수업이 시작됩니다. 또한 수업의 과정에 과학적 지식과 탐구방법을 학생들이 즐겁게 학습할 수 있도록 수업을 구성해야 합니다. STEAM 교육에서 지향하는 목표는 융합적 사고력과 실생활 문제해결 능력을 신장하는 것입니다. STEAM 교육은 2009 개정 교육과정이 도입된 2011년부터 국내에 도입되어 적용 및 확산되었으며, 현재 많은 교육현장에서 실천되고 있는 과학 교육의 새로운 흐름이라 할 수 있습니다. STEAM 수업은 학습상황 속에서 학생 스스로 깨우칠 수 있는 교육이기 때문에 그 필요성이 더 큽니다. 과학적 지식은 암기와 전달이 아니라 학생 스스로 문제 상황 속에서 생각하고, 내면화하면서 적재적소에 필요한 지식으로 활용할 수 있어야 합니다.

2015 개정 교육과정에서는 과학적 창조력과 인문학적 상상력을 두루 겸비한 창의융합형 인재 양성을 지향하고 있습니다. STEAM 교육에서는 단순히 실생활 소재만을 다루는 것만이 아니라 실생활 문제를 자연스럽게 해결할 수 있도록 돕습니다. STEAM 교육은 여러 학문의 유용한 지식들을 유기적으로 연결하여 활용할 수 있는 능력과 전체를 바라보고 아우를 수 있는 통찰적 시야를 갖게 해줍니다. 이를 위해서 다양한 상황을 수업 속에서 제시합니다. STEAM 교육에서 주도적인 학생이 되기 위해서는 ① 상황제시, ② 창의적 설계, ③ 감성적 체험의 세 가지 구성요소를 정확히 이해하고 수업에 참여하여야 합니다. STEAM 학습 준거틀에 따라 학생들은 시행착오를 통한 학습과 성공의 경험을 하면서 새로운 문제에 도전할 수 있게 됩니다.

STEAM 수업을 통해 다양한 상황을 접한 학생들에게 논술형 평가는 어려운 일이 아닙니다. 다양한 STEAM 수업 상황 속에서 직면했던 경험을 바탕으로 문제의 맥락을 깊이 있게 파악할 수 있고, 수업 중 다양한 활동에서 경험했던 지식활용 능력의 진가가 발휘될 수 있기 때문입니다. STEAM 교육은 과학의 기본 개념에 대한 통합적인 이해 및 탐구 경험을 통하여 과학적 사고력, 과학적 탐구 능력, 과학적 문제해결력, 과학적 의사소통 능력, 과학적 참여와 평생학습 능력 등의 과학교과 핵심 역량을 함양할 수 있습니다. 이는 2015 개정 교육과정 과학교과에서 가장 강조하고 있는 사항입니다. 또한 STEAM 교육은 과학 교과의 과정형 평가

만이 아니라 관련 교과 간의 내용요소 융합, 교과 간 융합을 통한 다양한 과정형 평가의 학습과 동시에 효율적인 평가 준비도 가능합니다. 많은 시간 동안 학습자 스스로 학습 과정에 참여하기 때문에 학습의 기억효과도 높은 편입니다. 이처럼 STEAM 교육은 학생 참여형 과학 수업의 대표적인 교수학습방법이라 할 수 있습니다.

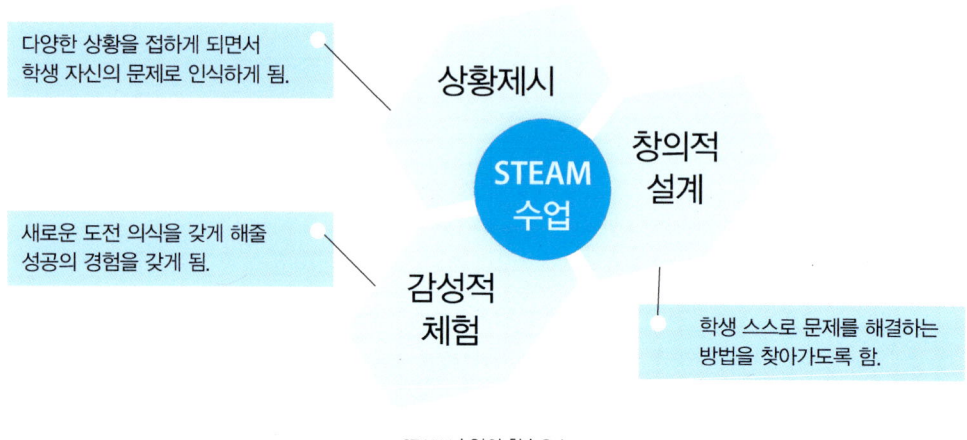

STEAM수업의 학습요소

2) STEAM 수업과 평가 방법

STEAM 수업은 학습 소재 간의 융합 형태로 상황이 제시되는 경우가 많습니다. 문제를 해결하기 위한 준비과정으로 다양한 교과에서 다양한 상황이 제시됩니다. 제시된 상황의 문제를 해결하기 위해서 학생들은 실패의 경험이 성공의 경험을 이끌 수 있도록 설계됩니다. 상황제시 과정은 보통 교사에 의해서 발문이 시작되지만 학생이 스스로 상황을 찾아갈 수 있도록 제시하는 경우도 많습니다. 문제의 상황이 제시된 후 문제해결을 위한 창의적 설계과정을 거쳐 성공의 경험을 위한 감성적 체험과정이 이어집니다. STEAM 수업의 모든 과정에서 학생의 참여는 평가에 반영되므로 수업에 참여하는 적극적인 자세가 필수적입니다.

한눈에 보는 STEAM 수업 개관 예시

교과	·2009 개정: 고등학교 과학 ·2015 개정: 고등학교 과학탐구실험, 고등학교 한국사, 고등학교 기술가정	단원	2009개정	1.2.3 태양계의 역학
			2015개정	1.1.1 역사 속 과학탐구
주제	현대 과학기술로 만나는 우리 옛 별자리 28수			
학습 활동	고려말/조선초 별자리와 연관된 인물(정몽주, 장영실)을 중심으로 한 한국사 사전학습 후 이루어지는 과학교과 '우리 옛 별자리 28수 도록' 제작 활동			
주요 평가 방법	·활동지 평가(과정 평가, 교사 평가) ·관찰 평가(과정 평가, 교사 평가) ·우리 옛 별자리 28수 도록 제작 및 발표(동료 평가)			
학습 목표	우리 옛 별자리 28수를 통해 계절별 별자리 변화를 설명할 수 있다.			
학생참여형 수업 형태	플립 러닝을 적용한 별자리 도록 제작 및 발표 수업	차시	2차시	
준비물	교과서, 필기구, 스마트 기기, 천문유초, 천상열차분야지도 등	사전학습 영상	별자리 이야기(9분 15초) 역사 속 별자리 인물(4분 1초)	
2015개정 핵심 역량	□자기관리역량	☒지식정보처리 역량		☒창의적 사고 역량
	□심미적 감성역량	☒과학적 의사소통 역량		☒공동체 역량
성취 기준	2009 개정	·[과 1223-1] 지구의 자전과 공전에 따른 현상을 설명할 수 있다.		
	2015 개정	·[10과탐 03-02] 첨단 과학기술 및 과학 원리가 적용된 과학 탐구 활동의 산출물을 공유하고 확산하기 위해 발표 및 홍보할 수 있다.		
성취 수준	상	지구의 자전과 공전에 의해 나타나는 여러 가지 현상을 구분하여 설명할 수 있다.		
	중	지구 자전과 공전에 의해 나타나는 현상을 말할 수 있다.		
	하	지구의 자전과 공전에 의해 나타나는 현상이 다름을 말할 수 있다.		

① STEAM 수업 예시

「현대 과학 기술로 만나는 우리 옛 별자리 28수」 STEAM 수업 과정

서양의 별자리 88수는 친숙하게 느껴졌지만 '왜 우리의 별자리 28수는 대중들에게 잘 알려지지 않았을까?'라는 의문에서 이 수업이 출발하게 되었습니다. 또한 고천문학을 다룬다는 점에서 한국사와 한문 교사들의 협업이 절대적으로 필요합니다. 또한 역사와 과학을 동시에 평가하여야 하기에 과정형 평가를 위한 장기간의 논의 과정이 필요합니다. 「현대 과학 기술로 만나는 우리 옛 별자리 28수」 STEAM 수업은 고등학교 1학년 한국사 수업의 '조선시대 과학자 장영실'을 중심으로 한 조선시대 과학발전을 엿볼 수 있으며, 별자리와 관련한 탄생 설화를 가지고 있는 정몽주와 안중근의 이야기로 수업이 시작됩니다. 고등학교 1학년 한국사 수업과 병행 운영된 고등학교 1학년 과학 수업에서는 '지구의 공전 운동에 따라 나타나는 현상인 계절별 별자리 변화'를 중심으로 자연스럽게 '우리 옛 별자리는 없을까?'라는 핵심 질문을 던집니다. 기존의 별자리와 관련된 STEAM 수업은 서양의 별자리 탐구에만 집중되어 있었습니다. 따라서 우리 역사 속 별자리를 탐구하는 것은 과학사적으로나 역사적으로 의미가 큰 작업입니다. 본 STEAM 수업을 새로 도입될 2015 개정 교육과정에서 편성하여 운영할 경우의 교육과정 성취기준, 성취목표, 성취요소는 다음과 같습니다.

「현대 과학 기술로 만나는 우리 옛 별자리 28수」의 STEAM 교육과정

차시	과목	교육과정 성취기준	STEAM 프로그램 성취 목표/요소
1	한국사	·[10한사04-04]역사 속 과학 기술 및 서민 문화의 발달을 사례를 중심으로 살펴본다.	A. 역사 속 과학을 발전시킨 과학자들과 예술가들의 과학문화 유산의 아름다움을 표현하기
2~3	과학 탐구 실험	·[10과탐03-02]첨단 과학기술 및 과학 원리가 적용된 과학 탐구 활동의 산출물을 공유하고 확산하기 위해 발표 및 홍보할 수 있다.	S. 적정 기술을 적용하여 선조들의 첨단 과학 원리가 담긴 장치 고안하기 T. 신소재 개발 사례 조사하기
4~5	기술· 가정	·[10기가02-03]창의 공학 설계의 개념을 습득하여 기술적 문제를 창의적으로 해결하는 능력과 설계 능력을 기를 수 있다.	T. 첨단과학기술을 활용해 창의공학 산출물을 제작하기

「현대 과학 기술로 만나는 우리 옛 별자리 28수」 차시별 운영 및 평가 계획

본 STEAM 수업은 고등학교 1학년을 대상으로 실시된 수업이지만 중학교 및 초등학교 수준으로 재구성하여 운영이 가능합니다.

① 별자리와 관련된 인물탐구와 별자리를 보는 방법 (사전학습 영상 활용)

② 나와 탄생 별자리가 같은 본교 선생님 만나 인터뷰하기(문제로의 초대 및 과학적 의사소통 능력 신장 - 상황제시)

③ 우리 옛 별자리는 없을까? (창의적 설계: 역사 속 별자리와 관련 있는 인물(장영실, 정몽주, 안중근)의 이야기를 통해 궁금했던 우리 옛 별자리 28수를 만나보자!)

④ '나는야! 우리 옛 별자리 28수 전문가!'(감성적 체험: 우리 옛 별자리 28수 전문가가 되기 위한 첫 걸음! 우리 옛 별자리 28수 도록 만들기)

「현대 과학 기술로 만나는 우리 옛 별자리 28수」의 STEAM 교육과정

차시	학습내용	
1차시 (한국사)	소주제	우리의 과학을 발달시킨 역사 속 과학자와 유산 탐구하기
	Co 고려 말/조선 초 사회적으로 급변한 시기의 과학의 발달 과정과 역사 속 천문현상과 관련된 대하드라마(장영실)를 시청한다. **Co** (사전학습 영상 시청 후) 조선 과학사에서 장영실이 차지한 위치에 대해 토의하기 **CD ET** '만약 장영실이 양반이나 귀족이었다면 역사 속 조선의 과학발달은 어떻게 변화되었을까?' 란 주제로 조선의 과학문화 발달상을 모둠활동지를 통해 인포그래픽으로 표현하도록 한다. **팁!** 월드카페 토론의 특성상 학생들의 새롭고 창의적인 아이디어 산출을 위해 교사의 개입은 최소화 한다. **과정형 평가:** 교과 전체 수행평가(50%) 중 포트폴리오 평가(20%) ① 모둠 활동지 평가(60%) + ② 토론 참여도 평가를 위한 체크리스트 활용 평가(20%) + ③ 모둠활동지 발표 평가(20%)	

2~3차시 (과학)	소주제	조선시대 별자리와 서양의 별자리를 비교탐구하기 내가 맡은 우리 옛 별자리 28수 도록 만든 후 발표하기
	CD 모둠별 토론활동을 통해 우리 옛 별자리 28수 도록에 수록될 내용 토의하기(서양 별자리와 차이점, 별자리 정보, 별자리와 관련된 역사 및 설화) **ET** 내가 제작해 보는 우리 옛 별자리 28수 도록 제작 후 발표하기 **과정형 평가:** 교과 전체 수행평가(50%) 중 포트폴리오 평가(20%) ① 개인별 제작한 우리 옛 별자리 도록 글쓰기 평가(60%) + ② 토론 참여도 평가를 위한 체크리스트 활용 평가(20%) + ③ 발표 평가(20%)	
4~5차시 (기술 가정)	소주제	별자리 설명기 제작하기(마이루프를 활용한 별자리 설명기 제작)
	CD 전도성펜, LED회로도 그리기, 마이루프 앱활용 별자리 설명기 제작을 위한 방법 고안하기 **ET** 현대 과학기술로 재현되는 우리 옛 별자리 28수 설명기 제작하기	

② 한눈에 보는 STEAM 수업 과정과 평가

개념 정리 및 보충	과정 평가
·계절별로 별자리 변화가 일어나는 이유 – 그것이 알고 싶다: [활동1] ·모둠별 월드카페 토론을 통한 활동지 평가	·활동지 평가[활동1] – 모둠 활동지 평가

⇩

수업 안내 [도입]	과정 평가
·문제로의 초대: 학습 주제 및 탐구활동 과제 확인	·활동지 평가[활동2] – 우리가 만드는 우리반 우리 옛 별자리 28수 도록 만들기를 위한 토론 활동

⇩

교수 학습 활동 [수업 전개, 평가 및 발표]		과정 평가
자료 수집을 위한 기획회의	·사전 영상과 읽기 자료를 확인 후 서양의 계절별 별자리 변화와 관련된 주요 내용을 정리·요약함. ·스마트 기기를 활용하여 우리 옛 별자리 28수 도록에 수록할 별자리 정보 내용 및 범주 설정을 위한 기획 회의 ·개인별 수록할 별자리 정보 수집하기	·활동지 평가[활동3] – 우리반 우리 옛 별자리 28수 도록 제작
우리 옛 별자리 28수 도록 글쓰기	·수집된 자료를 바탕으로 28수 개인 도록 작성 ·서양 88수 별자리와 우리 옛 별자리 28수 차이점, 별자리 위치, 별자리 특징, 별자리에 담겨진 역사와 문화 자료 수록하기	
발표 및 평가하기	·각 모둠별 최종 원고 발표 및 동료 평가 ·동료학생이 작성한 28수 도록 감수하기 ·교사 평가 및 피드백	·산출물 평가

⇩

수업 정리 [정리]	과정 평가
·정리 및 질문 받기 ·차시 예고(우리 반 28수 도록 표지 공모전)	·자기·동료 평가 (사전학습 및 태도)

③ STEAM 수업의 평가 방법

STEAM 수업의 평가는 학생의 개인 및 모둠활동지 평가, 산출물 평가, 산출물 발표 평가 형태로 이루어집니다. STEAM 수업은 창의적 설계 단계에서 창의적인 아이디어와 독창적인 아이디어를 제시하고, 제시된 문제해결에 적합한 해결책 및 방안을 제시하는 노력 등이 절대적으로 필요합니다. STEAM 수업에서는 토론형, 논술형, 과정형 평가, 토의형, 조사·발표형, 실험·실습형, 프로젝트형, 액션러닝형 평가가 모두 적용될 수 있기 때문에 학생을 보다 종합적으로 평가할 수 있습니다.

STEAM 수업의 평가 방법은 수업 중 평가가 대부분입니다. 수업에서 산출되는 학생들의 모든 발문, 학습하고자 하는 의지, 학습 산출물의 완성도 모두를 평가하는 다면적 평가가 가능합니다. 평가 주체에 따라 교사에 의한 평가와 STEAM 수업에 참여하는 학생의 자기평가 및 동료 평가 위주로 진행됩니다. 사전학습 활동지 평가는 본 차시 학습을 위한 사전지식을 평가하는 방식으로 학습에 필요한 내용의 적절성과 준비도를 평가할 수 있습니다. 본 차시 수업에서 이루어지는 평가 방법으로 수업 참여 관찰 평가(토론 및 토의 활동 시), 모둠 활동 활동지 평가, 산출물에 의한 컨퍼런스, 전시 발표회 등의 발표 평가, 산출물 작품 평가(동료 평가) 등이 있습니다. 이러한 여러 가지 평가 방법 중에서 수행평가 성적에 주로 반영되는 형태는 포트폴리오 평가 방식입니다. 또한 동료 평가는 평가의 공정성 확보가 어려운 경우가 많아 학생들의 학업 성취 정도에 대한 평가보다는 학습 흥미와 학습 동기 유발에 대한 기회를 제공하여 학습의 참여도를 높이려는 목적으로 이루어지는 것이 일반적입니다.

STEAM 수업 모둠 활동지 주요 내용 예시

학생 활동	내용
인포그래픽 모둠 활동지 만들기 [활동지 1번] 예시	오늘의 학습내용에 관련한 인포그래픽 모둠 활동지 편집하여 수업의 주제와 정보를 담아 표현하세요. **고등학교 1학년 과학 계절별 별자리 변화** **우리 옛자리 도록 내용 선정하기 모둠활동지(예시)** 서양 별자리와 비교하기 / 1. 우리 옛 별자리는 (　　)이다 / 2. 별자리는 나에게 (　　)이다 / ※ 모둠 별로 월드 카페 형식으로 의견을 작성하여 자연스럽게 토론을 이끌어 간다. / 우리 옛 별자리에 속한 별 우리 옛 별자리 관련된 설화 / **우리 옛 별자리 28수 도록 제작회의** / 별자리 사방신에서의 위치 [활동지 1번] 학생 작품 – 동양과 서양의 별자리 비교하기 동양의 남방칠수　　같은 위치의 서양 별자리
산출물 주제 및 내용 선정 후 상호 질문과 함께 공부하기 [활동지 2번]	·학습할 산출물 주제를 구분하고, 자신이 맡을 주제에 맞게 산출물에 담을 내용을 토의과정을 거쳐 결정한다. ·'우리 옛 별자리 28수 도록' 제작(예시) 후 합본과정에서 친구의 도록을 상호 감수해주도록 한다. 이 과정에서 상호 동료 평가가 이루어진다. ·친구의 별자리에서 내가 알고 싶은 것에 대한 질문을 만들어 보자. ·질문에 대해 친구에게 설명할 내용을 정리해 보자.
하브루타 기법 활용 평가 [활동지 2번]	·친구에게 알려주기: [활동지 2번]을 바탕으로 짝에게 질문하고, 설명하시오. ·배우면서 함께 공부하기: 짝이 제시한 질문과 감수한 내용 중 채택여부를 모둠 토론과정에서 결정하세요. 또한, 채택된 내용은 별자리 도록 합본과정에서 편집하여 반영하세요.

[활동지 2번] 학생 작품 예시 〈개인별 산출물 평가〉	
내용 정리·발표하기 [활동지 1, 2번]	·[활동지 1번]의 모둠 별 질문을 화이트 보드에 작성하시오. ·[활동지 2번]의 개인 별자리 28수 도록을 합본작업 전 모든 학급 구성원의 별자리 도록에 별점을 붙여 상호평가를 합니다.
별자리 도록 전시회 차시평가 예고	우리 옛 별자리 도록 전시회 준비사항을 안내합니다.

「생체신호로 밀당하는 전기신호」
학습보드판 제작과정

「생체신호로 밀당하는 전기신호」
학습보드판 작품발표회

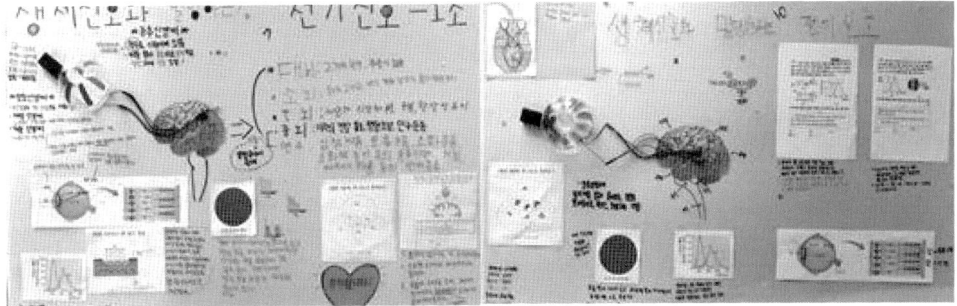

「생체신호로 밀당하는 전기신호」 학습보드판 학생 작품(예시)

「생체신호로 밀당하는 전기신호」 STEAM 수업 과정(물리 I +생명 과학 I)

'학습 활동 참여도 관찰 평가'는 주로 교사에 의해 이루어지는 과정형 평가로, 교사가 수업에서 관찰하는 척도와 주안점을 미리 안내한다는 점에서 학생들의 자발적인 참여를 이끌고, 수업을 보다 생동감 넘치게 구성할 수 있습니다. 토론형 STEAM 수업에서의 교사에 의한 학습 활동 참여도 관찰 평가는 일반적으로 학생들의 발문과 질문, 답변의 태도, 참여하고자 하는 의지 등을 평가하고, 하브루타 짝 토의와 같은 친구와 함께 학습하기 과정의 평가는 질문하고 친구에게 설명하는 태도, 친구의 설명을 듣고 다시 발문하려는 태도, 내용의 이해 정도 등을 5점 척도로 평가합니다. '질문하고 함께 공부하기' 평가에서는 설명의 적극성과 내용에 대한 이해 정도가 중요한 평가 기준이며, '설명 듣고 질문하기'에 대한 평가에서는 경청하는 태도와 질문의 적극성을 중요한 평가 기준으로 삼고 있습니다.

자기평가로는 학생이 스스로 기록한 '사전학습 평가 기록표'가 있는데, 사전학습 영상을 통해 학습한 후 교사가 제시한 '사전학습 평가 기록표'에 의해 평가가 진행됩니다. 자기평가인 만큼 그 결과에 대한 공정성 확보가 어렵기 때문에 실제 수행평가 성적에 잘 반영하지는 않습니다. 사후 배움일지 작성 후 이를 바탕으로 '학교생활기록부의 세부 능력 및 특기사항'에 학생들의 구체적인 활동 내용이나 수업 후 변화 등을 정리하여 구체적으로 기록하고 있습니다. 최근 학교생활기록부 위주의 대입 수시전형에서는 학교생활기록부의 교과목별 세부능력 및 특기사항의 기록이 매우 중요하게 다루어지고 있습니다.

[예시] STEAM 수업 평가의 학교생활기록부 세부 능력 및 특기사항 기록

평가 영역	평가 항목	학교생활기록부 기재 예시
사전학습 평가	충실도 · 이해정도	STEAM 수업을 위한 사전학습을 통해 학습내용을 정리하고, 구조화하는 능력이 뛰어나고, 사전학습 활동지의 내용을 구체적으로 잘 기록하였음. 특히 사전학습의 중요성을 잘 인식하고 있어서 본 차시 학습 활동에 참여도가 매우 높았음.
STEAM 수업 활동지 평가	충실도 · 논리성 · 이해정도	STEAM 수업 학생 활동지를 구조화 능력이 탁월하고, 학습요소에 적절한 내용으로 구성하였으며, 모둠 토론을 주도하였고, 수업의 핵심 질문(우리 옛 별자리 변화) 설명을 위한 근거에 부합하도록 활동지를 구체적으로 잘 표현하였음.
모둠 활동 후 발표 평가	적극성 · 경청 · 발표 · 이해정도	STEAM 수업 후 컨퍼런스 및 전시회, 발표회 등의 활동에서 '친구의 별자리 28수 도록 작품에 대해 질문하고 설명하기'과정의 학습내용에서 다루고자 하는 질문을 잘 만들었으며, 별자리 학습내용에 대한 이해력이 뛰어나고, 친구의 별자리 도록의 감수와 편집에 열과 성을 다하여 적극적으로 검토해주는 등 과학적 의사소통력도 겸비하였음.

3) 1등급을 위한 STEAM 평가 팁

① 융합인재교육(STEAM)의 개념

STEAM은 Science, Technology, Engineering, Arts, Mathematics의 약칭으로 과학, 기술, 공학, 인문 · 예술, 수학 등 교과 간의 통합적인 교육 방식을 의미합니다. 융합인재교육(STEAM)은 과학기술에 대한 학생들의 흥미와 이해를 높이고, 과학기술 기반의 융합적 사고력(STEAM Literacy)과 실생활의 문제해결력을 배양하는 교육입니다(교육과학기술부, 2011).

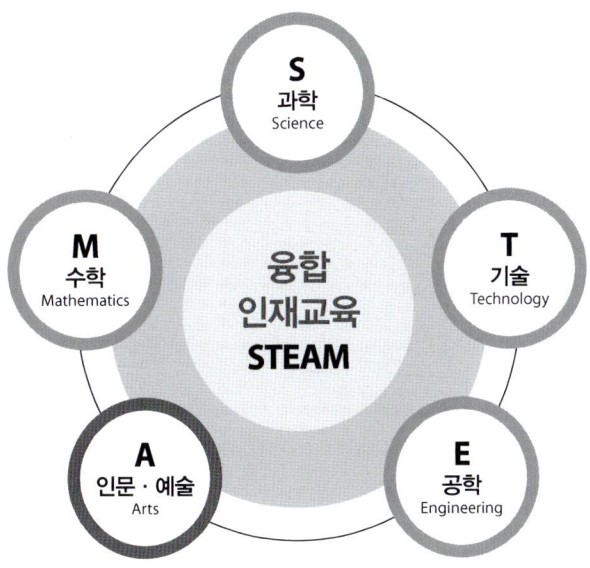

② 융합인재교육(STEAM)의 준거 틀

융합인재교육(STEAM)의 목표 실현을 위해 효과적인 학습 단계와 특징을 제시한 것이 STEAM 학습 준거 틀입니다. 학습 준거 틀은 상황제시, 창의적 설계, 감성적 체험의 세 단계로 이루어져 있고 각 단계를 거치면서 융합인재교육(STEAM)이 이루어지게 됩니다. 각 단계의 순서는 수업의 특성에 따라 바뀔 수도 있어 단계의 순서보다는 이 단계가 적절하게 수업 과정에 포함되어 있는지가 중요합니다.

학생이 문제해결 필요성을 구체적으로 느낄 수 있는 **상황제시**	학생이 스스로 문제 해결 방법을 찾아가는 **창의적 설계**	문제해결에서 오는 성공의 경험과 **감성적 체험**

새로운 문제에 대한 도전

↓

과학기술분야에 대한 흥미 · 동기 부여

4) STEAM 수업 과정에서의 팁

STEAM 수업의 평가는 과학, 수학, 역사, 예술, 인문학 등의 다양한 교과에서 하나의 학습 소재로 다양한 평가가 동시에 이루어집니다. 또한 학습 소재와 내용이 다양한 교과에서 동시 연계되어 있어 종합적으로 학생을 평가할 수 있기 때문에 평가과정 전반에 걸쳐 학생의 참여가 많아야 좋은 결과를 기대할 수 있습니다. 과학에서 STEAM 수업의 평가는 대부분 수업 중에 이루어지는 과정형 평가가 포트폴리오 형태로 이루어지고, 산출물 평가도 동시에 진행되는 경우가 많기 때문에 문제해결을 위한 자료 수집, 자료 편집, 자료 재구조화 능력과 안목을 갖추고 있어야 합니다.

STEAM수업 모둠 활동 평가, 발표평가 및 산출물 예시

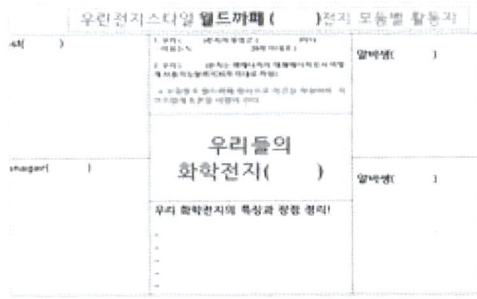

우리 전지스타일(화학 I) 모둠활동지 평가

건담이 살아 있다(미술창작) 산출물 평가

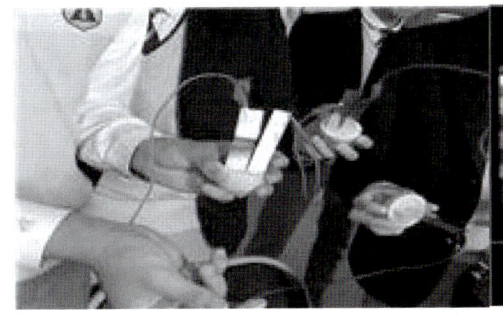

우린 과일전지스타일의 전압을 측정하자!

건담이 살아 있다 발표자료 예시

STEAM수업 모둠 활동 평가, 발표 평가의 채점기준

평가 영역	채점 기준
모둠 활동을 위한 준비도 평가	모둠 토론 과정에 필요한 필수 조사 내용의 준비도를 평가합니다.
전체 모둠 활동 학생 참여도 평가	모둠 토론 활동에서 요구되는 핵심개념 및 용어의 사용이 적절한지와 발문하는 횟수를 관찰합니다.
모둠활동 후 발표 평가	모둠 활동을 기반으로 한 발표자료에 학습에 필요한 핵심 내용의 표현이 논리정연하고, 발표 자료 제작과 발표 과정의 역할 분담이 명확하게 이루어졌는가를 평가합니다.

11
수업 유형별 가이드 팁: 액션 러닝형
(모의실험, 모의활동, 과학 송, 역할극 등 새로운 방식의 평가)

1) 액션러닝(Action Learning)이란?

액션러닝(Action Learning)은 학습을 위한 구성원이 팀을 이루어 교사의 도움을 받아 실생활에서 직면할 수 있는 문제상황을 해결함으로써 학습활동을 진행하는 교수 방법입니다. 'Learning by Doing'의 학습 원리를 4~6명이 한 팀으로 구성되어 유기적인 활동을 진행하게 됩니다. 문제상황에 대한 모든 해결책과 실천을 모둠 구성원 모두가 행하여여하기 때문에 팀 구성원 간 역할분담, 협동성, 민주적 의사결정을 위한 과학적 의사소통 능력 등을 측정할 수 있습니다. 전문가로서의 교사는 상황을 제시하고, 합리적으로 해결할 수 있는 방법적인 측면만 제시할 뿐입니다. 모둠 구성원이 문제해결을 위한 아이디어 구상(토의형 브레인스토밍, 브레인라이팅을 접목한 월드 카페형)과 실제 문제해결을 위한 자료의 수집 및 대안의 탐색(조사 · 발표형)은 과정의 주체로서 학생이 주도적으로 참여해야 한다는 점에서 STEAM 수업형과 다소 유사하다고 할 수 있습니다.

액션러닝형의 수업에서 교사는 문제해결을 위한 촉진자(퍼실리테이터)의 역할을 수행하며, 학생은 수동적인 강의식 수업에서와 달리 문제해결 과정을 통해 동료 학습자와 편안한 분위기에서 대화하며 다양한 의견을 교환합니다. 팀원들의 다양한 의견을 경청하고 공동의 해결 방안을 탐색하는 '학습과정'을 강조하는 학습법입니다. 액션러닝수업[4]에서 제시된 문제상황에서 학습자들이 하나의 모둠으로 공동의 과제를 해결하면서 지식 습득, 핵심 질문, 피드백의 과정을 반복하며 성찰하면서 과제해결력을 신장하는 것입니다.

액션러닝 수업은 SSI(Socio Scientific Issues)기법을 활용할 수 있기 때문에 사회, 윤리, 국어 교과와 ESD(Education for Sustainable Development)교육으로도 운영이 가능하며 여러 교과에서 동시에 학습에 대한 평가가 가능합니다. 액션러닝 수업을 시대상황과 밀접한 학습상황을 기반으로 운영하면 논술형 평가를 대비한 학습 효과도 있습니다. 둘째, 문제해결을 위한 학습 팀은 앞서 언급하였듯이 소규모 집단일수록 1인 다역할의 책임 의식을 가질 수 있기 때문에 학습에 있어서 주도적인 역할을 맡을 수 있습니다. 셋째, 학습 과정에서 끊임없이 발생할 수 있는 핵심 질문과 성찰을 위한 피드백이 이어집니다. 핵심 질문을 통한 문제해결 과정에서 문제의 본질과 효과적인 문제해결 방안을 학습자 스스로 탐구하고, 논의하고, 성찰하는 과정 속에서 진정한 학습이 일어납니다. 넷째, 액션러닝수업에서 학습자는 실패를 두려워하지 않고 또 다시 액션러닝 학습을 하고자 하는 의지가 생깁니다. 액션러닝형 수업은 모의 사고(Thinking) 실험, 모의 토론 활동, 과학송으로 표현하기, 역할극 등의 실천학습이라 할 수 있습니다.

액션러닝(Action Learning)은 학습자의 적극적인 문제 인식과 자발적 참여가 있어야 함을 강조하지만 교사가 학생들에게 학습 상황과 역할에 대해 인식시키고 담당하고 있는 모둠에서의 역할을 잘 안내해 주어야 학습 효과를 극대화 할 수 있습니다. 액션러닝(Action Learning)수업의 절차는 다음과 같은 형태를 이룹니다. 학습에 대한 평가도 학생의 참여를 통해 이루어지기 때문에 동료들과 화합해 나가는 합리적 의사결정방식 등의 관찰 평가 및 산출물 평가, 동료 평가가 동시에 이루어질 수 있습니다.

---

4 액션러닝학습기법을 활용한 독서토의가 중학생의 공감능력에 미치는 영향(경기대 석사 논문 윤남미)

액션러닝(Action Learning) 학습 과정

① 상황파악 및 상황제시	② 학습팀 선정 및 조직	③ 학습 범위 및 규칙 설명
·'Action Learning' 기법으로 알칼리금속과 주기율표에 관한 과학송을 제작해보자!	·문제 상황 해결을 위한 4~6명으로 학습팀을 구성함. ·팀장 선발 후 규칙에 의해 팀원을 선발함.	·액션러닝을 통한 학습에서 필수 학습요소 제시 ·액션러닝에서 모둠원의 역할을 분명하게 제시

교사에 의한 꾸준한 피드백 (Feedback)	④ 팀의 문제해결을 위한 기획회의
·액션러닝 진행 모든 상황에서 교사는 퍼실리테이터 역할 ·학습에서 발생되는 다양한 질문에 대처하고, 질문을 통한 학습과정이 일어나도록 학생들을 자극하고, 독려함.	·공동의 문제해결임을 인식할 수 있도록 기획회의를 실시 ·교사는 관찰평가 실시 - 학생의 참여도 평가

⑦ 액션러닝 작품 발표회 및 상호평가	⑥ 액션러닝 작품 제작	⑤ 액션러닝 제작 발표회
·제작된 작품 발표회 실시 ·상호존중의 자세로 다른 팀의 작품에 대한 격려와 칭찬을 독려	·작품 제작을 위한 충분한 시간을 제시 ·역할극, 과학송, 모의 사고실험, 모의 월드카페 토론 등	·영화 제작 발표회와 같은 형식으로 참여자 모두가 자신의 역할을 발표할 수 있도록 기회를 제공

2) 액션 러닝형 수업과 평가 방법

액션러닝(Action Learning) 수업은 학습자 개개인에게 각자의 역할이 부여되기 때문에 과학적 문제해결력, 과학적 의사소통력, 합리적 문제결정력 등의 고차원적 능력을 신장할 수 있습니다. 또한, 자연과학과 인문사회 교과 간의 융합 형태로 수업상황이 진행되는 경우가 많습니다. 문제 제시 과정으로 다양한 교과에서 다양한 형태로 핵심 질문이 제시될 수 있습니다. 앞서 제시된 STEAM형 수업의 예를 들어 '장영실이 천민 출신이 아닌 양반 출신이었다면?' 이라는 시대상황을 제시하였을 때 '조선의 과학과 문화에 관한 역사는 어떻게 기록되었을까?'라는 역할극이 가능할 수 있습니다. 또는 천문학자 대담을 월드카페 토론의 형태로 운영하여 지동설을 주장한 과학자 집단과 천동설을 끊임없이 주장하는 과학자 집단 간의 심도 높은 토론의 형태로 수업을 구성할 수도 있습니다. 또 다른 액션러닝형으로 가능한 수업 중 페이퍼아트를 활용한 작품 만들기(STEAM형 수업 '건담이 살아 있다.')에서는 모둠별로 선택한 화학전지를 소개하고, 산출물인 건담을 실제 구동 가능할 수 있을 만큼의 전력을 생산하며 과학송의 형태로 표현할 수 있습니다.

액션러닝(Action Learning) 수업의 다양한 운영 형태

천문학자 대담 – 월드카페 토론형/액션러닝 수업

'우린 전지스타일' UCC 만들기 학생 작품(예시)

실생활 문제를 해결하기 위해 함께 질문하고, 질문을 통해 문제상황을 해결해 나가는 액션러닝 수업에서 학습이 일어나도록 주도하는 주체는 학습자입니다. 학습 구성원 스스로 질문을 통해 성찰하고 스스로 깨우치면서 배움이 일어납니다. 그러나 월드카페 토론, 과학송 제작회의, 역할극 제작회의 등의 활동에서 교사는 회의의 규칙과 모둠원의 역할을 제시해 주어야 합니다. 회의 과정 전반을 이끄는 이끔이, 모둠 구성원의 의견을 정리하는 기록이, 발표회 및 월드카페 자리 이동 시 발표하는 역할을 담당하는 나눔이, 모둠 구성원이 발표하는 과정 전반을 경청하고 공감하는 끄덕이 등의 역할을 제시해 줄 수 있습니다. 그러나 역할 분담 역시 학습자 스스로 결정하도록 기회를 주는 것이 좋습니다.

액션러닝(Action Learning) 수업의 운영과정

과학송 UCC작품 제작을 위한 기획 회의

작품 제작을 위한 역할 분담(역할놀이)

과학송 속 과학 학습 요소 파악하기

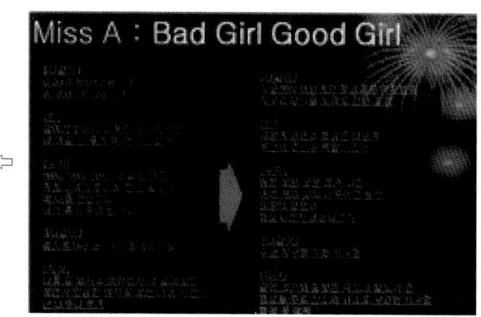

과학송 UCC 가사 만들기 (과학 글쓰기 평가)

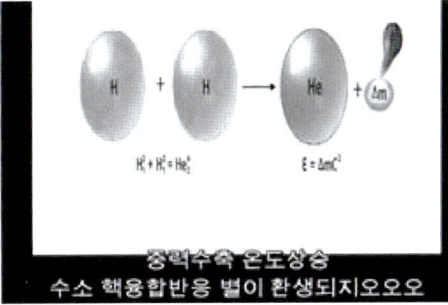

최종 작품 발표회를 통한 동료 평가하기

상황 제시와 문제해결을 위한 창의적 설계, 모둠 구성원 전부가 작품 제작을 통해 겪게 되는 성공의 경험(감성적 체험)이 다양한 교과의 지식과 활동의 형태로 구성되기에 STEAM 수업의 병합형으로도 운영이 가능합니다.

한눈에 보는 액션러닝 수업 개관 예시

교과	·2009 개정: 고등학교 과학 ·2015 개정: 고등학교 통합과학, 고등학교 과학탐구 실험, 고등학교 국어	단원	2009 개정	1.1.1 우주와 생명
			2015 개정	2.1.1 생활 속 과학탐구
주제	천문학을 중심으로 한 우주이야기 과학송 UCC 제작하기			
학습 활동	천문학으로 시작하는 고등학교 과학 '천문학에 담겨진 우주이야기' 과학송 UCC 제작활동			
주요 평가 방법	산출물 평가(과정 평가, 교사 평가) 제작보고회 및 기획회의 관찰 평가(과정 평가, 교사 평가) 작품 발표회 평가(동료 평가)			
학습 목표	천문학에 담겨진 우주이야기를 과학송 UCC를 제작하여 창의적으로 표현해 보자.			
학생참여형 수업 형태	액션러닝을 위한 월드카페 토론 및 작품 제작	차시	3차시	
준비물	교과서, 필기구, 스마트 촬영기기, 인코딩 프로그램, 컴퓨터 등	사전학습 영상	UCC 편집의 기초(5분 10초)	

2015개정 핵심 역량	☐ 자기관리 역량	☑ 지식정보처리 역량	☑ 창의적 사고 역량
	☐ 심미적 감성 역량	☑ 과학적 의사소통 역량	☑ 공동체 역량

성취 기준	2009 개정	·[10통과01-02]별의 진화 과정에서 별 내부의 핵융합을 통해 탄소, 질소, 산소가 생성되는 것을 정성적으로 다루고, 초신성 폭발의 결과로 철보다 무거운 원소가 만들어짐을 다룬다.
	2015 개정	·[10과탐 03-02]첨단 과학기술을 활용한 과학 탐구 활동의 산출물을 공유하고 확산하기 위해 과학송 UCC를 제작 및 발표할 수 있다.

성취 수준	상	별의 탄생과정에 의해 나타나는 여러 가지 과학 현상을 구분하여 설명할 수 있다.
	중	별의 탄생과정에 의해 나타나는 현상을 말할 수 있다.
	하	별의 탄생과정에 의해 나타나는 현상이 다름을 말할 수 있다.

① 액션러닝 수업 예시

「천문학에 담겨진 우주이야기」 과학송 UCC 제작

액션러닝의 과학송 UCC 제작 과정에는 월드카페 토론형(작품제작 기획 회의, 제작 발표회, 작품 시사회)의 수업이 산출물 제작 과정에서는 역할극 등의 다양한 학습과정이 병행될 수 있으며, 수업 전반에 걸쳐 다양한 교과 간의 협업이 가능합니다. 고천문학을 다룬다는 점에서 한국사와 한문 교사들의 협업이 절대적으로 필요합니다. 또한 역사의 흐름 속에서 과학적 사실의 합의 과정(천문학자 대담 토론형)을 동시에 경험할 수 있습니다. 액션러닝형 수업의 평가는 과정형 평가로 이루어질 수밖에 없습니다. 또한 작품의 제작 과정이 장기간 진행될 수밖에 없기 때문에 다양한 교과 간의 융합수업으로 진행된다면 시간 운영이나 교과별 수업 운영이 수월해질 수 있습니다.

「천문학에 담겨진 우주이야기」 과학송 UCC 제작 수업의 교육과정

본 액션러닝 수업을 새로 도입될 2015 개정 교육과정에서 편성하여 운영할 경우의 교육과정과 성취 목표, 성취 요소를 정리면 다음의 표와 같습니다. 과학송 UCC제작 활동의 경우 특정 단원만을 예시하기보다 과학교과 전체를 아우를 수 있는 주제로 설정하여도 무방합니다.

「천문학에 담겨진 우주이야기」 과학송 UCC 제작 교육과정

차시	과목	교육과정 성취기준	액션러닝형 성취 목표/요소
1	화법과 작문	·[12화작02-02]갈등 상황에서 자신의 생각, 감정이나 바라는 바를 진솔하게 표현한다.	갈등 상황 속에서 상대방을 이해하고, 경청하는 자세를 기르기
2~3	과학 탐구 실험	·[10과탐03-02]첨단 과학기술을 활용하여 과학송 UCC 산출물을 제작할 수 있다.	과학적 내용과 요소가 과학송 가사에 표현될 수 있도록 합리적인 의사결정 과정을 거쳐 작성하기

「천문학에 담겨진 우주이야기」 과학송 UCC 차시별 운영 및 평가 계획

본 액션러닝형 수업은 고등학교 1, 2학년을 대상으로 하지만, 중학교 및 초등학교 수준으로 재구성하여 모든 교과에서 운영이 가능합니다.

① 교사는 UCC 편집 및 제작기법 디딤 영상을 활용하여 UCC의 제작활동의 필요성을 인식하도록 촉진자 역할을 담당합니다.

② 과학 단원 속 과학송 UCC 주제를 선정하고, 과학송에 담겨질 과학적 학습내용을 요약하고, 정리합니다.

③ 과학송 UCC 제작을 위한 기획 회의를 거치면서 학습자 모두가 참여하는 기회를 제공합니다.

④ 과학송 UCC 제작 후 작품 발표회를 통해 서로의 작품을 상호 평가하도록 합니다.

② 한눈에 보는 액션 러닝형 수업 과정과 평가

개념 정리 및 보충	과정 평가
·계절별로 별자리 변화가 일어나는 이유-그것이 알고 싶다: [활동1] ·모둠별 월드 까페 토론을 통한 활동지 평가	·활동지 평가[활동1] - 모둠 활동지 평가

⇩

수업 안내[도입]	과정 평가
·문제 상황 제시: 교사는 학습 주제를 표현하기 위한 과학송 UCC 제작을 위한 기획 회의를 주재한다.	·활동지 평가[활동2] - 기획 회의록 및 제작 보고회 준비 활동지

⇩

교수 학습 활동[액션러닝 수업 전개, 평가 및 발표]		과정 평가
자료 수집을 위한 기획 회의	·과학송 UCC에 담길 학습요소 및 학습내용을 정리·요약함. ·과학송 UCC 가사 글쓰기 작업 ·과학송 제작을 위한 역할 분담 회의	·산출물 평가[활동3] - 천문학에 담겨진 우주이야기 ·산출물 평가[활동3] - 천문학에 담겨진 우주이야기
과학송 UCC 제작하기	·수집된 자료를 바탕으로 최종 대본 제작 ·과학송 UCC 제작과 편집	
발표 및 평가하기	·각 모둠별 최종 작품 감상 전 작품의 기획 의도를 발표하기 ·동료학생 평가를 통한 최종 작품 감상 ·교사 평가 및 피드백	·산출물 평가

⇩

수업 정리 [정리]	과정 평가
·정리 및 질문 받기 ·차시 예고(작품 활용방안 모색하기) ·정리 및 질문 받기 ·차시 예고(작품 활용방안 모색하기)	·자기 · 동료 평가 (사전학습 및 태도) ·자기 · 동료 평가 (사전학습 및 태도)

③ 액션러닝형 수업의 평가 방법

　액션러닝형 작품 제작을 위한 토론의 과정은 과학, 사회, 국어 교과에서도 운영이 가능합니다. 또한 작품 제작을 위한 회의록 작성, 역할을 맡은 출연자들의 과학송 UCC 가사쓰기 활동을 통해 과학적 말하기와 글쓰기를 동시에 평가할 수 있습니다. 작품 제작 전반을 거치면서 겪게 되는 갈등상황을 해결하기 위한 노력을 소재로 글쓰기 활동을 통해 국어 교과에서의 평가도 가능합니다.

액션러닝(Action Learning) 학습의 평가 과정

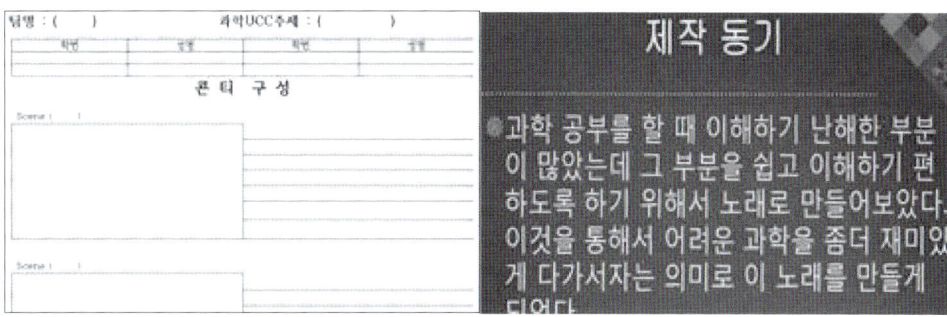

과학송 UCC작품 제작을 위한 기획 회의를 통한　　　　사전제작 산출물 및 발표 평가
과학송 콘티 계획서 평가　　　　　　　　　　　　　　(평가기준에 따른 객관적인 평가)

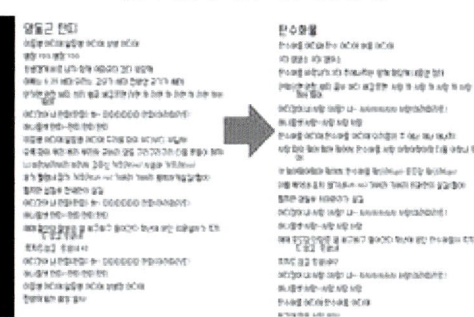

과학송 UCC 작품 평가　　　　　　　　　　　　과학송 UCC에 담겨진 학습내용요소
(동료 평가/교사 평가 병행)　　　　　　　　　　　　(과학 글쓰기 평가)

액션러닝 수업의 평가는 학생의 참여도 평가가 대부분입니다. 수업에 참여하는 학습자의 행동과 활동지, 산출물 모두가 평가의 대상입니다. 액션러닝 수업에서 학생의 질문, 학습 의지, 산출물의 완성도와 과학 학습내용의 포함여부도 평가의 주안점이 됩니다. 교사에 의한 평가보다는 STEAM 수업에 참여하는 학생의 자기평가, 동료평가 위주로 진행됩니다. 액션러닝형 수업의 동료평가는 공정성 확보가 어려울 수 있어 학생들의 학습 흥미와 학업 후 성취감 고취를 위한 방법으로 활용됩니다.

3) 1등급을 위한 액션러닝형 평가 팁

① 액션러닝 수업에서의 팁

액션러닝형 수업에서 평가는 사회, 국어, 기술, 과학 등의 다양한 교과와의 융합적인 활동을 통해서 평가가 진행됩니다. 하나의 교과에 대한 평가라기보다는 전체 교과의 평가라 해도 과언이 아닐 정도입니다. STEAM 수업형과 마찬가지로 학습 소재와 내용이 다양한 교과에서 동시에 연계되어 있어 학생을 종합적으로 평가할 수 있습니다. 과학교과에서 액션러닝형 수업의 평가는 대부분 수업 중에 이루어지는 과정형 수행평가와 포트폴리오 등 산출물 평가로 이루어지고 있습니다. 작품 제작활동이 포함되기 때문에 디지털 미디어를 다룰 줄 아는 편집기술과 독창적인 아이디어, 시대의 흐름을 바라보는 안목도 평가 가능합니다.

[예시] 액션러닝형 수업 모둠 활동 평가, 발표평가 및 산출물

기존 과학송 UCC 따라 부르기   기존 과학송 UCC 재해석하기(과학말하기)

우리의 과학송UCC 제작발표회 (발표 평가)

우리의 과학송UCC 작품 영상(산출물 평가)

② 액션러닝형 수업 모둠 활동 평가 및 발표 평가의 주안점

평가 종류	평가의 주안점
모둠 토론 활동에서 학생 참여도 평가	작품 제작 기획 회의 활동에서 참여하고자 하는 의지와 발문 횟수를 관찰하여 평가한다.
모둠 발표자료 및 발표 능력 평가	액션러닝작품(UCC, 인포그래픽) 제작을 위한 사전 작품 제작보고회와 작품발표회를 통해 작품에 대한 발표능력을 평가한다.
모둠의 산출물 평가	모둠 활동의 결과물인 과학송UCC에 과학적 내용이 적절하게 사용되었으며 아이디어의 표현이 창의적인지를 평가한다.

1. 부록

(Q&A로 알아보는 과정중심 평가)

Q1. 학습 모둠 편성은 언제 해야 하나요? 매 수업에서 새로 하는 것인지요?

A1

구성주의 학습론에 따르면 일반적으로 모둠 편성은 사회적 협력활동을 위하여 성적이나 성별이 이질적인 집단으로 구성하기를 권장합니다. 그러나 학습 활동의 특성에 따라 비슷한 수준의 학생들로 구성하는 것이 바람직하다고 판단할 때는 수준별로 동질적인 집단으로 모둠 편성을 합니다. 이때는 반드시 과제를 학생 능력의 수준별로 제시하는 것이 좋습니다.

일반적으로 학교 현장에서는 학기 초에 모둠 편성을 하고, 모둠 활동 시 모둠 구성원의 역할분담과 모둠학습에 대해 일정 기간 교육을 하며, 모둠 학습이 체화되는 데에는 상당한 시간이 필요합니다. 학기 초에 편성된 모둠을 장기간 유지하면 모둠 활동에 익숙해져서 수업 운영이 원만하게 이루어지는 경우도 있습니다. 하지만, 수업 참여도가 높은 모둠과 낮은 모둠 간의 격차가 크게 벌어지는 경우도 발생할 수 있기 때문에 일반적으로 중간고사나 기말고사가 끝나면 새로운 모둠을 구성하는 것이 보통입니다. 또한, 학습 제재에 따라 모둠의 형태에 변화를 주는 것도 수업 참여의 중요성을 상기시키는 계기가 될 수 있습니다. 1년 동안 여러 명의 학생과 수업 활동을 함으로써 학생들이 서로 친해질 수 있기 때문입니다. 그러나 학생 참여형 수업이 익숙해지면 학습 활동의 특성에 따라 수업 활동의 안내 시간을 활용하여 재편성하는 것도 좋습니다. 다만, 혹시 왕따 문제 등이 생길 수 있고 특정 학생이 주도하여 다른 학생들이 활동을 못하는 경우도 있으니 세심한 관찰과 지도가 필요합니다.

Q2. 학생들이 자체적으로 그룹을 지어 있는 경우가 많은데, 모둠 편성을 어떻게 해야 할지 난감해요?

A2.

모둠장(이끔이)는 학생의 희망을 받거나 학업성취가 우수한 학생을 교사가 먼저 정하여 각 모둠에 배치할 수 있습니다. 다만 이 과정에서 상대적인 박탈감을 느끼지 않도록 자연스럽게 모둠장을 배정하는 것이 중요합니다. 또한, 모둠장 선정의 막바지에는 학습 구성원 전체의 합의화 과정을 거쳐야 민주적인 과학수업이 실현될 것입니다. 이후 모둠장(이끔이)에게 모둠원 1명을 선택하게 하여 모둠 활동을 이끌어 가는데 도와 줄 친구를 배치합니다. 나머지 모둠원들은 학업성취도나 모둠원 사이간의 관계를 고려하여 정하되 가급적이면 학생들이 희망하는 데로 편성합니다. 학급에 소외된 학생이 있을 경우 선생님은 먼저 평소에 소외된 학생과 조금이라도 친한 친구가 누구인지 파악할 필요가 있습니다. 그리고 그 2명이 같은 모둠으로 편성되도록 하기 위해 각 모둠에 2명의 짝을 한꺼번에 배정하여 모둠의 구성이 자연스럽게 정해지도록 하는 것이 좋습니다. 모둠 편성이 완료되면 학생들이 스스로 협의하여 모둠 내 역할을 정하게 하고, 모둠 활동은 모둠원들의 협의 하에 자율적으로 운영하도록 믿고 맡긴 후 지켜보며 조언해 주는 것이 필요합니다.

Q3. 학생 참여형 수업을 계획하려니 무엇부터 해야 할지 막막합니다!

A3.

학생 참여형 수업에 관한 정보 공유와 조언을 얻기 위해서는 먼저 동료교사들과의 교류나 교사연구회, 학교 안 전문적 학습공동체, 학교 밖 전문적 학습공동체 모임에 참여할 필요가 있습니다. 실질적으로 학생 참여형 수업을 계획할 때 가장 먼저 고려해야 하는 일은 전체의 단원을 개관하고 성취기준과 연계하여 수업을 계획하는 것입니다. 학생에게 배움이 일어났다는 증거는 성취기준의 달성 여부입니다. 이어서 성취기준을 기반으로 학습주제에 따른 학습목표와 성취수준을 설정하고, 이에 맞는 학습활동과 평가 방법을 함께 고려하여 차시별 수업을 계획합니다. 학습활동에 따라 모둠 편성 방법, 교실의 책상 배치, 실험실 사용 여부 등을 고려해야 합니다. 수업을 설계하거나 계획할 때 항상 명심해야 할 것은 '성취기준 – 학습목표 – 학습내용과 활동 – 평가 – 피드백' 등이 일맥상통하게 서로 연관성을 가지고 이루어지도록 해야 합니다. 특히 평가는 과정중심 평가를 하면서 적절한 피드백을 하는 것이 좋습니다.

Q4. 학생 참여형 수업에 어떤 학습활동을 해야 할지 고민돼요!

A4.

학생 참여형 수업에 적합한 학생중심의 학습활동을 찾기가 어렵나요? 2015 개정 교육과정을 참고하면 학생 참여형 수업을 위한 별도의 수업 설계나 계획에 대한 선생님들의 고민거리를 많이 줄일 수 있습니다. 교육과정에서는 성취기준에 학습할 내용과 기대되는 능력(수행기능)을 모두 포함하여 기술하고, 각 성취기준마다 성취기준 해설, 권장하는 탐구활동, 교수·학습방법 및 유의 사항, 평가 방법 및 유의 사항 등을 제시하고 있습니다. 따라서 2015 개정 교육과정을 참고하면 학생 참여 중심의 수업과 과정중심평가의 방법 및 대상을 쉽게 정할 수 있습니다. 예를 들어, '[12생과 I 03-01] 활동 전위에 의한 흥분의 전도와 시냅스를 통한 흥분의 전달을 이해하고, 약물이 시냅스 전달에 영향을 미치는 사례를 조사하여 발표할 수 있다.'라는 성취기준을 보면 '사례를 조사하여 발표할 수 있다.'라고 되어 있습니다. 따라서 사례조사와 발표에 해당하는 학습활동과 평가를 계획하면 되는 것입니다.

Q5. 교실에서의 학습활동이 사전학습과 밀접하게 연계되는 것이 중요하다는데 어떻게 해야 하나요?

A5.

학생 참여형 수업에서 사전학습은 본시학습과 적절히 연계될 수 있어야 의미가 있습니다. 사전학습과 본시 학습이 별개로 이루어진다면 학생 참여형 수업이 제대로 일어날 수 없고, 사전학습은 단지 숙제에 불과할 것입니다. 따라서 사전학습의 내용을 바탕으로 개념의 발전이나 심화, 응용이 이루어지도록 다양한 학생 활동을 계획해야 합니다. 예를 들어, 사전학습에서 개념 학습을 하였다면 이를 기반으로 개념을 확인하고 발전시키는 문제풀이 개념을 기초로 적용하는 탐구·실험 활동, 토론활동, 모형(산출물) 제작활동 등이 연계되어야겠지요. 사전학습이 탐구기능이나 제작방법, 조사방법, 발표방법, 토론방법 등의 기능적 측면으로 이루어졌다면, 본시학습에서는 이를 기반으로 탐구활동, 제작활동, 조사활동, 발표, 토론 등의 활동이 실제로 이루어지도록 연계하고 이에 대해 과정평가를 하는 것이 적절할 것입니다.

Q6. 학생 참여형 수업에서 과학 교과의 학습활동 유형은 따로 정해져 있나요?

A6.

본시 수업에서 주된 학습 활동의 형태가 무엇이냐에 따라 과학 교과에서 가능한 대표적인 학습유형을 크게 토의·토론, 조사·발표, 제작·표현, 프로젝트, 실험·관찰, 개념문제풀이 등으로 유형화하여 생각해 볼 수 있습니다. 예를 들어 과학 글쓰기, 과학 말하기, 역할극, UCC 제작, 모형제작 등의 학습 활동은 과학에 관련된 내용을 표현하거나 제작하는 학습으로 보고 제작·표현 유형으로 범주화시킨 것입니다. 그러나 학생 참여형 수업에서 학습활동은 다양하며 어떤 특정한 유형 하나로만 이루어질 수 있는 것이 아니므로 편의상 학습활동 유형을 설정한 것으로 보시면 됩니다. 왜냐하면 성취기준을 달성하고 학생들의 핵심 역량을 기르고자 운영하는 학생중심의 활동이 어느 한 가지 학습활동으로만 되는 것이 아니고 복합적으로 이루어지기 때문입니다. 즉 실험·관찰 유형이라 해도 개념학습, 실험·관찰, 과학 글쓰기, 발표 등이 복합적으로 이루어질 수 있습니다. 예를 들어, 학기 초 모든 단원의 학습주제에 따른 발표자를 민주적으로 선정하도록 한 후 수업 도입 단계에서 'Famelab' 형태의 과학 말하기 평가를 실시할 수 있습니다. 이 같은 과학 말하기를 과정형 평가에 도입해 운영하고 있는 학교들도 다수 있습니다. 또한 학습의 마무리 단계에서 학생 스스로 학습한 내용, 미처 알지 못했던 내용, 앞으로 더 알고 싶은 내용을 정리하는 글쓰기 시간을 갖는 것도 필수적입니다.

Q7. 모둠을 통한 협력학습을 할 때 유의할 점은 무엇인가요?

A7.

학생 상호 간의 협력학습이 일어나기 위해서는 탐구능력과 과학적인 기초 지식, 책임감이나 태도, 의사소통 기술 등에 대한 학습 훈련이 잘 되어 있어야 합니다. 이를 위해 학기 초에는 모둠 편성을 하고 협력학습이 잘 이루어지도록 중점적으로 지도하는 것이 필요합니다. 일부 학생이 모둠활동을 독점적으로 주도하거나 혼자서 결과물을 만들어내기도 하며 방관자 역할을 하는 경우도 있습니다. 따라서 교사는 일방적으로 모둠원의 협력점수를 부여하는 것을 지양해야 합니다. 활동지 구성에서도 모둠전체의 협동성을 평가하는 항목과 개인별 평가 항목이 병행될 수 있도록 학습지를 구성하는 것이 하나의 방법입니다. 교사는 학생의 수준을 충분히 파악하여 학생 상호 간의 협력학습이 부족한 학생에게는 다양한 방법으로 지도해야 합니다. 또, 모둠원 사이의 학습이 원활하게 진행될 수 있도록 학습 상황을 체크하고 피드백을 하는 수업 관리자와 조언자로서의 역할을 잘 수행하도록 노력해야 합니다.

Q8. 과정중심의 평가가 이루어지다보니 학생들의 개념 학습과 이해도가 떨어집니다. 적절한 대책이 없을까요?

A8.

우리나라의 입시제도와 학교에서의 평가 방법에도 문제가 있지만 학생 참여형 수업이 학생의 활동 측면만을 강조하는 것으로 오인하여 나타나는 현상입니다. 특히 사전학습으로 학생 혼자서 개념학습을 하고 학교에서는 교사의 지도가 없이 학생들끼리 토론하고 활동하는 것으로만 이루어진다고 생각하기 때문입니다. 그러나 학생 참여형 수업의 단계를 살펴보면 동료 학습 이외에도 개념보충 단계와 학습 정리 단계, 평가와 피드백 활동 등을 통해 개념과 활동을 모두 강조하고 있습니다. 또한 중요하고 어려운 개념의 발전과 응용을 위해서는 개념 문제풀이 중심의 학습 유형을 적용할 수 있습니다. 학생들이 짝 토론(하브루타)이나 모둠 토론을 하는 것도 도움이 됩니다. '평가 도우미' 또는 '소크라티브' 등의 앱을 이용하여 교사가 학생들의 잘못된 개념을 실시간으로 파악하고, 학생들과 질의응답을 경청하는 자세도 중요합니다. 교사가 스마트폰 활용을 잘 지도할 수 있다면, 학생들이 수업 시간에 스마트폰을 사용한다는 것 자체만으로도 학생들의 적극적임 참여를 유도할 수 있습니다.

Q9. STEAM 융합인재교육이 강조되는데 ,학생 참여형 수업과 연계할 수는 없을까요?

A9.

융합인재교육(STEAM)의 특징은 일상생활 속에서 학생들이 자신과 관련된 문제를 인식하고, 이를 해결하기 위해 창의적으로 설계하고, 산출물을 만들어 가는 과정에서 진정한 배움과 자아성취감을 느끼게 됩니다. 이러한 활동은 모두 학습에 주도적으로 참여하는 동료들과의 협력학습을 통해 이루어지므로 이를 통해 2015 개정 교육과정의 핵심 역량을 키울 수 있습니다. 그러나 수업 시 활동 시간이 많이 소요되고, 정규 수업에서 운영되기에는 시간이 부족한 경우가 많아 방과 후 활동이나 자유학기제 수업에서 주로 운영되고 있습니다. 이러한 문제점을 해결할 수 있는 방안은 교과 간 연계를 통해 과정형 평가를 운영하는 것입니다. 교과의 특성에 따라 실습이 많은 기술·가정, 미술 교과에서는 공작활동을 평가에 반영하고, 과학 교과에서는 탐구실험과 조사활동에서의 토의·토론을 통한 모둠활동지 작성을 평가에 반영합니다. 또한 인문학과 연계할 수도 있습니다. 공작 및 제작활동 시 모둠 구성원 간 갈등이 발생하였을 때 이를 합리적으로 해결해 가는 과정을 작문 수업 내용으로 구성해도 좋습니다. STEAM 수업을 학생참여형 수업 방식으로 구성할 수도 있습니다. 사전학습을 통해 문제 인식과 창의적 해결에 필요한 개념학습이나 조사 등의 과정을 수행하게 하고, 학교에서는 산출물 제작과 발표 등의 활동을 중심으로 진행하며, 수업 후 활동으로 SNS를 통해 산출물을 업로드하고 댓글 등을 통해 상호 격려하는 활동으로 구성할 수 있습니다.

Q10. 과정중심평가에서 야외조사나 체험활동, 프로젝트 수행 등도 바람직할 텐데, 학교 수업에서는 좀 어렵지 않나요?

A10.

모든 활동을 학교 수업 시간에 해야 한다고 생각하면 주어진 시수와 교육과정 내에서 할 수 있는 것이 별로 없을 것입니다. 융합인재교육(STEAM)의 적용 방안에서처럼 사전학습과 사후학습을 활용하면 좋을 것 같습니다. 즉 사전학습에서 활동에 필요한 개념이나 기능을 지도할 수 있습니다. 이에 기초하여 학생들이 야외 조사나 체험 등의 과제를 수행하는 기간을 계획하여 학교 수업에 연계시키면 됩니다. 학교수업에서는 모둠 활동을 통해 과제 결과를 정리하고 발표하며 평가하는 활동을 진행할 수 있습니다. 평가를 할 시간이 부족하다면 사후학습 활동으로 SNS 등을 이용하여 결과물을 업로드하여 동료 간에 상호 의견을 제시하고, 교사도 함께 평가와 피드백에 참여하면 좋을 것입니다. 어떤 형태의 학습이든 학생이 자기주도적이고 흥미롭게 학습 활동에 참여하여 핵심 역량을 키울 수 있도록 수업을 설계하고 관리하는 것이 학생 참여형 수업의 취지에 맞는 교사의 역할입니다.

Q11. 모둠활동 결과물을 표현하거나 발표하면서 상호작용하는데 시간이 너무 많이 소요될 것 같은데 효율적인 방법이 있을까요?

A11.

사전학습을 이용하여 개인적인 의견이나 결과물의 기초를 준비하도록 하고, 학교에서의 모둠활동에서는 서로 협력하여 과제를 수행하고 동료 평가를 실시하는 활동만으로 수업을 설계해 보세요. 모둠활동의 결과물(포스터나 제작물)을 교실 벽에 붙여 전시합니다. 모둠원 중 절반은 자기 모둠의 결과물에 대한 질문을 받고 응답하며, 나머지 절반의 모둠원은 다른 모둠의 결과물들을 돌아보면서 궁금한 점을 질문하고 동료 평가를 하여 상점으로 스티커를 부착하게 합니다. 이때 포스트잇에 질문을 기록하여 부착하게 하고 추후 일괄적으로 질문들에 답변하는 시간을 가지면 시간을 줄이고 학습의 효과를 높일 수 있습니다.

Q12. 많은 학생들의 활동을 어떻게 교사 혼자 관찰하여 평가할 수 있나요?

A12.

현실적으로 교사 한 명이 여러 학생들의 활동을 한 번에 관찰하고 평가하며 피드백하는 것은 쉬운 일이 아닙니다. 하나의 방안으로 모둠별로 스마트 폰이나 스마트 탭과 같은 스마트 기기 사용을 허락하여 모둠별 활동의 주요 장면이나 평가 기준에 해당하는 활동 부분을 사진이나 짧은 동영상으로 촬영하도록 하는 것입니다. 이를 SNS에 업로드하거나 선생님에게 제출하도록 하여 사후에 평가를 진행하고 피드백할 수도 있으며 평가 근거를 보관하기도 좋습니다. 근거를 보관하는 또 다른 방편으로 학생 스스로 학습의 과정에서 얻게 된 배움 활동을 꾸준하게 일지로 작성하게 하는 것이 좋습니다. 수업 마지막에 약 3분의 시간을 제공하고, 본 차시 학습내용을 통해 알게 된 것과 앞으로 더 공부하고 싶은 내용을 정리하게 합니다. 학기 말 학생들이 스스로 작성한 수업 성찰일지를 나눠주고, 수업을 통해 성장한 과정을 작성하게 한다면 관찰평가와 더불어 학교생활기록부의 교과목별 세부 능력 및 특기사항 기록의 근거자료로도 활용할 수 있습니다.

나의 수업 성찰일지

	날짜	이번 차시 자기평가			오늘 배운 내용의 정리와 수업 활동 중 의미를 두고 참여한 사항과, 학생 스스로 학습하며 배우고 느낀 것을 기록해 주세요!
1		○	△	×	

Q13. 형성평가를 하고 피드백을 제대로 하려면, 학생 개개인의 평가결과를 파악해야 하는데, 쉽지 않고 시간도 많이 걸려요! 좋은 방법이 없을까요?

A13.

사전학습을 이수했는지 여부를 확인하는 것은 간단하겠지만 본 차시의 학습내용에 대한 형성평가를 실시하여 피드백하려면 시간이 다소 요구될 수 있습니다. 먼저 교사가 형성평가 문항을 PPT나 형성평가지 형태로 준비하여 진행하거나 수업퀴즈 골든벨의 형태로 진행할 수도 있습니다. 이를 이용하여 형성평가를 실시하고 정답 여부만 알려주거나 학급 학생 전체에게 일괄적으로 설명해주는 피드백을 하는 것이 일반적입니다. 그러나 심도 있는 문제들에 대해서는 학생 개인별로 어떤 응답을 했고 왜 그렇게 응답을 했는지 파악이 가능해야 제대로 된 피드백을 할 수 있습니다. 인터넷과 스마트폰 사용이 가능한 교실에서는 '평가도우미' 앱을 활용한다면 학생의 응답 상황과 응답 이유에 대해 실시간으로 파악이 가능합니다 (quiz.ba.ro , 학생용 사이트: quiz2.ba.ro 또는 '평가도우미' 앱 설치). '펑퐁'이나 '소크라티브'와 같은 앱을 이용하여도 선다형 형태의 형성평가가 가능합니다. 교사는 PPT나 평가지 형태로 형성평가 문항을 제시하고, 학생들은 스마트폰을 이용하여 문항별로 답안과 답안 선택의 이유를 기록하여 전송합니다. 교사는 PC에서 학급 학생 전체의 응답내용을 즉시 파악하여 오답 상황에 따라 학급 학생 전체를 대상으로 피드백하거나 모둠별, 개인별 오류에 따라 적절히 피드백할 수 있습니다.

Q14. 모둠별 학습활동의 결과물을 평가하는데 시간도 걸리고 평가의 공정성도 문제가 돼요. 피드백까지 하려면 시간이 더 걸리고요! 해결 방법이 없을까요?

A14.

모둠별 학습활동 결과물은 교실 벽이나 칠판 등을 이용하여 게시하고 다른 모둠의 학생들이 동료 평가를 하여 별표 스티커 등을 붙여주게 합니다. 받은 별표 스티커의 수에 따라 우수 여부를 평가할 때 학생들의 불만이 적은 편입니다. 또는 학습활동의 결과물을 SNS에 업로드하여 동료들이 댓글을 달고 평가를 하게 하는 것도 좋습니다. 물론 교사도 평가에 참여하고, 그 결과를 수행평가 점수에 반영합니다. 교사의 평가는 명확한 평가 기준(준거)에 의해 점수를 부여해야 합니다. 평가 기준(준거)을 과학교사 간 협의회를 통해 결정한다면 보다 신뢰도와 타당성을 높일 수 있습니다. 또한, 개인적인 결과물에 대해서는 수업 후에 평가하고 결과물에 직접 표시하여 피드백을 합니다. 교실에서의 피드백은 상, 중, 하 점수에 해당하는 결과물 중 대표적인 것을 하나씩 뽑아 잘된 점과 부족한 점을 중심으로 피드백하면 시간을 줄일 수 있습니다.

Q15. 학생 참여형 수업에서는 학습정리 활동을 어떻게 하나요?

A15.

수업의 마무리 단계에서는 핵심 개념을 정리하고 형성평가를 하며 다음 차시 안내를 하는 것이 일반적입니다. 그러나 학생 참여형 수업에서는 기능의 적용과 관련된 모둠별 또는 개인별 학습 활동이 있으므로 해당 차시에 관련된 핵심개념뿐만 아니라 발표하는 방법, PPT 제작 방법, 토론하는 방법 등과 같은 수행활동의 기능에 대한 방법도 필요에 따라 정리해 줄 수 있습니다. 또한 모둠 활동에서 모둠원으로서 학생 자신의 역할을 반성하고 모둠활동에 대해 생각나누기를 하여 모둠원들이 서로 이해하고, 더욱 협력할 필요가 있음을 스스로 느끼게 하는 것도 중요합니다.

Q16. 정보화 시대이다 보니 수업 후 SNS 활동 등이 강조되기도 하는데, 선생님들의 업무가 학교 밖으로까지 이어져서 더 힘들어져요! 좋은 방법이 없을까요?

A16.

효율적인 수업 후 활동을 위해서는 일정한 시간을 두고 SNS 관리를 한다거나, 학생들의 대화 내용을 지켜보다가 중요한 문제가 있을 때나 피드백이 필요할 때만 참여하는 것이 좋습니다. SNS 활동을 잘 이용하면 부족한 수업 시간을 보충할 수 있고, 학습 활동이나 학습 개념에 대한 학생들의 질문에 바로 응답할 수 있습니다. 또 학생들과 상담 활동을 통해 신속히 학급의 문제를 해결할 수도 있고, 학생들과 상호작용으로 친근감을 줄 수도 있습니다. SNS 활동을 동료 평가에 활용할 수도 있으며, SNS에 업로드된 자료는 산출물의 실물 보관을 대신할 수도 있습니다. 또한 SNS 활동은 사전학습 자료에 대한 안내와 사전학습 이행 여부를 점검하는 수단으로 활용될 수 있으며, 학급 구성원 간 의미 있는 피드백을 답글로 달아주는 수업 후 생각나누기 활동으로도 활용이 가능합니다. 이러한 편리성을 감안한다면 선생님들이 SNS 활동에 참여하는 것은 번거롭기보다는 업무를 경감하는 방안이 될 수 있으니 긍정적인 생각을 가지면 좋겠습니다.

2. 부록

학생평가지원 포털(http://stassess.kice.re.kr/) 소개

학생평가지원 포털은 수행평가, 서술형 평가, 평가 결과 활용 및 피드백 등 학생 평가를 통합적으로 지원하기 위해 마련된 포털입니다.

학생평가지원 포털에서는 초등학교, 중학교, 고등학교 각 학교별로 학생 평가에 필요한 서비스나 자료를 제공하는데, 주요 제공 항목으로는 교육과정 및 성취기준, 평가 도구 개발, 평가 결과의 활용에 관한 것이 있으며, 이외에도 수행평가 가이드 북, 성취평가제 가이드북 등의 자료도 이용할 수 있습니다.

학생평가지원지포털 주요 메뉴 구성

항목	내용
교육과정 및 성취기준	·성취기준 분석 및 평가 계획 개요 ·성취기준 검색 서비스 ·교육과정 성취기준 자료실
평가도구 개발	·평가도구 개발 개요 ·수행평가 도구 검색 서비스 ·서술형 평가 문항 자료실
평가 결과 활용	·평가결과 활용 개요 ·평가결과 활용 자료실
성취 평가제	·성취평가제 운영 개요 ·성취평가제 운영 자료실

참고 문헌

Ⅰ부

강인애, 주현재(2009). 학습자 중심 교육의 의미에 대한 재조명: 현직 교사들의 이해와 실천을 중심으로. 학습자중심교과교육학회지, 9(2), 1-34.

교육부(2015a). 초ㆍ중등학교 교육과정(교육부 고시 제2015-74호, 2015.9.23).

교육부(2015b). 과학과 교육과정(교육부 고시 제2015-74호[별책 9]).

교육부(2016a). 2016년 교육부 업무 계획, 교육부 보도자료(2016.1.25)

교육부(2016b). 학교생활기록 작성 및 관리지침(교육부 훈령 195).

교육부ㆍ한국교육과정평가원(2017). 과정을 중시하는 수행평가 어떻게 할까요? (중등). 한국교육과정평가원 연구자료 (ORM 2017-19-2).

김용진, 강정민, 김미경, 김지영, 노은실, 민재식, 송명희, 신영준, 안숙, 윤미라, 이동엽, 이윤형, 전화영,최윤희, 한효정 (2017a). 초ㆍ중ㆍ고 과학교과 학생능동수업 모델 개발. 교육부ㆍ한국과학창의재단.

김용진, 강정민, 김미경, 김지영, 노은실, 민재식, 송명희, 신영준, 안숙, 윤미라, 이동엽, 이윤형, 전화영, 최윤희, 한효정(2017b). 학생능동수업 가이드북. 교육부. 한국과학창의재단.

동효관, 김경주, 강민경, 장의선, 성경희, 임해미, 김성경, 이재봉, 배주경, 김소연, 최병택, 최원호, 김용진, 이기영 (2017). 2017년 국가수준 학업성취도 평가 출제 연구. 한국교육과정평가원연구보고(RRE 2017-1).

서울특별시 교육청(2017). 중학교교과학습평가 시행계획.

성태제(2010). 현대교육평가. 학지사.

이근호, 곽영순, 이승미, 최정순(2013). 핵심 역량 기반 국가 교육과정구상. 한국교육과정평가원 연구자료 (ORM 2013-22-4).

이인호, 이상일, 김승현, 서민철, 성경희, 이광상, 임해미, 동효관, 배주경, 김성혜(2016). 국가수준 학업성취도 평가의 평가결과표 개선 방안: 학업성취 특성 진술문을 중심으로. 한국교육과정평가원 이슈페이퍼 (ORM 2016-46-12).

이화진, 홍선주, 김명화, 함승연(2013). 특성화고 마이스터고 학생을 위한 진단평가 및 보정학습 시스템 구축(CRI 2013-13). 한국교육과정평가원.

전경희(2016). 과정중심수행평가의 방향과 과제. 한국교육과정개발원 이슈페이퍼(CP 2016-02-4).

한국교육과정평가원(2017). 교육과정 · 교육평가 국제동향. 연구사업[5월 교육동향].

ACER(2017). 〈Centre for Assessment Reform and Innovation(CARI)〉(Retrieved on Aug. 10. 2017) from https://www.acer.org/cari/projects/new-metric-projects.

BRITISH COLUMBIA(2017). BC's New Curriculum(Retrieved on Aug. 10. 2017) from https://curriculum.gov.bc.ca/assessment.

II부

교육부(2015). 2015 개정 교육과정 과학과 총론.

과학동아 편집실 (2010). 이공계 글쓰기 핸드북 : 자기주도학습에 날개를 달다. 동아사이언스

김종록 · 이관희(2015). 과학 글쓰기 전략 : 이공계열 학생들을 위한 실용 글쓰기(개정판). 박이정.

김혜숙 외 7인 (2015). 생각을 키우는 토론 수업 레시피. 교육과학사.

배상일(2017). STEAM교사연구회(知共協工) 연구주관 우리 옛 별자리 28수 도록.

백송고등학교 창의과학봉사단(2017). 제25회 한국학생과학탐구올림픽 과학 동아리활동 발표대회 전국대회 최종보고서.

신광재 외 7인(2011). 토론을 알면 수업이 바뀐다. 창비.

심규철 외 5인(2013). 고등학교 생명 과학 I. 비상교육.

원만희 외 4인(2014). 고교 논술 교과 직무연수 자료집. 한국교원대학교 종합교육연수원

이재식(2005). 알기 쉬운 논술과 토론. 고요아침.

정문성(2017). 토의 · 토론 수업방법 84. 교육과학사.

조희형(2014). 자연과학 글쓰기 : 방법과 기능. 교육과학사

최훈 (2003). 논리는 나의 힘. 세종서적

한국교육과정평가원(2012). 미래 사회 대비 핵심 역량 함양을 위한 국가 교육과정 구상 연구보고(RRC 2012-4).

한국대학교육협의회 논술연구회(2011). 논술지도의 원리와 실제 III(자연계-과학). 한국대학교육협의회.

Beall. H.(1998). Expanding the scope of writing in chemical education. Journal of Science and Technology, 7(3). 259-270.

Greene. L.(2010). Writing in the life science: a critical thinking approach. New York: Oxford University Press.

국가수준 STEAM 융합인재교육 홈페이지: https://steam.kofac.re.kr/?page_id=30

MEMO

MEMO